STAGE (Not AGE)

超長寿化時代の市場地図

多様化するシニアが変えるビジネスの常識

SUSAN WILNER GOLDEN

スーザン・ウィルナー・ゴールデン著

佐々木寛子訳

Discover

推薦のことば

「本書は、22兆ドル規模の急拡大市場『長寿マーケット』を理解し、そこに参入して成功するための個人授業だ。この市場で成功している企業の事例を読めば、『高齢化』について今までに知っていたことを全部、見直したくなるだろう」

ジョー・アン・ジェンキンス（AARP CEO）

「世界人口の高齢化は危機だ、と今までどおりに考えるか。それとも、高齢化はビジネスや政策にイノベーションを起こすチャンスで、人びとの健康や生活はより良くすることができる、と考えるか。本書は、後者の見方へと導いてくれる良書である」

ミシェル・A・ウィリアムズ（ハーバード・T・H・チャン公衆衛生大学院長）

「人はワインと同じで、年月を重ねるとともに良くなる。本書で著者が示すとおり、人口高齢化はビジネスの大チャンスなのだ。高齢化社会の維持コストを批判的に見る人もいるが、著者は本書で、高齢人口の急拡大が生み出す経済的価値を理解するための指針を示している」

ラリー・サマーズ（ハーバード大学名誉学長、元米国財務長官）

「私たちは急激な人口変動期を生きている。本書は、起業家やイノベーターが、拡大する長寿経済を捉えて成功するための、希望に満ちたロードマップだ」

ジョナサン・レヴィン（スタンフォード大学ビジネススクール学長）

「長寿ビジネスは多面的で実に面白い。その本質を捉えた実践的なガイドブックが本書である。長寿化をチャンスと捉えて戦略を立案する企業（ベスト・バイで私も実践済）にとって、重要な指針となる一冊だ」

ハバート・ジョリー（元ベスト・バイ会長兼CEO、『The Heart of Business』著者、ハーバード・ビジネス・スクール上級講師）

「本書で著者は、この時代で最も可能性に満ちたビジネスチャンス、長寿化に投資しよう、と雄弁に訴える。実際、世代間共生型社会はすでに私たちの生き方を全面的に変えつつあるのだ。その明晰で鋭い手引書が本書である。全世代のチェンジメーカー必読」

マーク・フリードマン（Encore.org創設者、社長兼CEO、『How to Live Forever』著者）

「感性も、見た目も、行動も『年相応』に老けていない世代（しかも年齢の幅も2世代にわたる）にリーチするには、どうすればいいのだろう？　出生証明書に記載された数字に惑わされず、彼らの思考や感情、行動に注目すべきだ、というのが本書の主張である。この新たな知見を積極的に取り入れようとする企業やマーケターは、長寿ビジネスで競争優位に立てるだろう」

ジーン・チャツキー（ジャーナリスト、ニューヨーク・タイムズ紙ベストセラー『AgeProof』共著者）

Stage (Not Age)
How to Understand and Serve People Over 60–the Fastest Growing,
Most Dynamic Market in the World
By Susan Wilner Golden

Published by arrangement with Harvard Business Review Press
through Tuttle-Mori Agency, Inc., Tokyo

アマンダ、ジェニー、ディビッドへ
喜びと笑い（私専用の長寿の特効薬）をいつもありがとう。
そして、両親へ
2人の勇気と折れない心に、今も毎日、力をもらっています。

超長寿化時代の市場地図　目次

第2部　ビジネスチャンスと課題

はじめに――人口動態の新たな現実

100歳。

1世紀の節目であり、切りのいい数字だ。「人生100年」と考えるとわかりやすい。だが近年まで、百寿・紀寿のお祝いはニュースになるほど珍しいことだった。ほんの100年前の米国の平均寿命は54歳だった。それが、第2次世界大戦を終える頃に64歳になり、パソコンが登場する1981年に74歳に達した。

今日の平均寿命は約80歳である。さらにここ数十年の公衆衛生と医療の進歩のおかげで、2000年以降に生まれた人は100年生きると予測されている。いま健康な65歳の私のような大人なら、半数以上が90代まで生きる計算だ。この「超長寿化」は、20世紀から21世紀初頭に人類が達成した素晴らしい偉業だといえる。

「超長寿化」によって、人口構成も大きく変化している。米国はもちろん、世界のほぼ全域（アフリカを除く）で、高齢者人口が若年人口を上回るようになる。米国では1日に1万人以上が65歳を迎えている。世界一の長寿国、日本は、高齢者人口割合でも他国を圧倒しており、人口の3分の1は65歳以上だ。

人口動態の変化は既知の事実であり、不可避でもある。公共政策の領域では長年、この変化について議論が続いているが、「危機」としてネガティブに捉える論調も多く、とにかく対処が必要だとされてきた。でも、私はこの人口動態の変化を「大きなビジネスチャンス、新たな市場機会」だと考えている。長寿化は新たなカスタマーを生み、新たな働き手を創り出し、新しい起業家を世に送り出す。新たに生まれる「長寿経済」の市場規模は、全世界で22兆ドル超と予測されている（米国単体で8・3兆ドル）。

人生100年超の時代を生きる人びとが何を望み、何を求め、どんな体験をしたいかを考えれば、単に寿命を延ばすだけでなく、人びとが心身ともに健やかに生きられる「健康寿命」を延ばすことが重要になる。

人口構成が激変する中、私たちのマインドセットにも大きな変化が必要だ。「老い」や「加齢」に対する固定観念や思い込み、既存の高齢者ビジネスのやり方では、通用しなくなる。65歳以上を一律に「高齢者」カテゴリーに入れる手法はもう使えないのだ。

「教育・仕事・引退」という近代型の3ステージの人生モデルは、すでに時代遅れになっている。人生がまだ35％も残っているのに、65歳で引退するのは非現実的だ。この年齢層の人口が増えるに伴って、そのあり方も多様化している。まさに「多様性」の時代なのだ。同じ年齢層でも、ニーズや欲求、年齢の重ね方はさまざまに異なる。

これまでは、社会もマーケットも、年齢を重ねた大人を一括りにして決めつけてきた。しかし、これからは「年齢《エイジ》」ではなく、個々の人生の「ステージ」を、最も重要な属性として捉えるべきだ。今後ますます拡大する65歳以上の層を理解するには、「年齢《エイジ》」ではなく「ステージ」に着目することが大切だ。

退職後に学び直して仕事を続けるなど、かつての「教育・仕事・引退」の3ステージモデルの枠を超え、人生はマルチステージ化している。70代で起業する人も、60代で新たなキャリアに踏み出す人もいる。本書を読めば、こうした新しい現実が理解できる。そして、これまで「高齢者」と一括りにしてきた層の人口が増加し、多様化する中で、彼らの「ステージ」に対応したビジネスを実践できるだろう。

さまざまな年齢で経験する、多様な「ステージ」を捉えるための新たな枠組みとして、私が提示するのが、「人生の5Q」（5四半世紀）というフレームワークだ。この巨大マーケットを理解してビジネスを行ううえでは、これまでにない新たな観点が必要だ。たとえば、学び続ける80代、90代の存在をどう捉えるか。あるいは、高齢者介護を行う側の多様性への理解も必要だ。30歳で介護をしている人もいるし、60代、80代もいる。また、「定年」による完全引退はなくなり、生き方、生きがいの再設定をする時代になっている。

こうした社会では、「82歳の人ならこうだろう」といった、年齢にまつわる既成概念を壊すことが不可欠だ。たとえ年齢が同じでも個々人は千差万別であり、そこにこそ、新しいビジネスチャンスが広がっている。

ポスト・コロナ時代の社会課題と長寿化

本書執筆中に新型コロナ感染症のパンデミックが起き、私たちの社会は大きな打撃を受けた。保健医療や教育制度、働き方、家族のあり方、そして残りの人生にまで影響は及んだ。本書が楽観的なトーンで貫かれているのは、一部にはプロジェクトをパンデミック以前に開始していたためでもある。当時はウイルスが人口動態に影響するなど思いもよらなかった。そこにパンデミックが発生し、米国では公衆衛生や医療面の初期対応が遅れたこともあり、2020年には平均余命が短くなった。

2020年、新型コロナ感染症は米国の死因の第3位となり、2021年末までに80万人以上が亡くなった。その大部分は65歳以上だ。今後、ワクチン接種率がポリオワクチン並みに上昇するまでは、新型コロナの影響が私たちの未来のあり方に影を落とすことだろう。本書の執筆時点では、コロナ禍がいつ終息するか、いつになればコロナ以前のような「普通の生活」を実感できるのかは不明である。

そもそも人生100年時代が実現したのは、公衆衛生や保健医療の進歩のおかげなのだ。今後も、公衆衛生や医療の知見に基づいて適切に行動し、さらに、本書でも推奨している「長寿の処方箋」――生きがい、心身の健康、人とのつながり――を実践すれば、パンデミックを乗り越えて、長寿時代を満喫できるだろう。

新型コロナ感染症は本当につらい厄災だったが、社会変化の触媒として機能した面もある。パンデミックで、社会のあらゆる点に見直しが必要になった。働き方、交通、住まい、医療、社会的つながりなどだ。これらはすべて、長寿化の議論ですでに検討されていたものばかりである。

働き方はどう変わるのか。教育にはどんな変化が必要か。人びとが安心して暮らせるよう、地域や行政はどんなサポートをすべきか。そして、こうした変化やビジネスチャンスを、企業はどのように戦略に落とし込めばよいのか。これまで長寿化の議論で検討されてきた問いが、ついに社会で広く語られるようになったのだ。

ケアや介護の重要性、終活、定年後の働き方、リモートワークなど、これまで軽視されてきた問題がようやく話題に上がった。尊厳ある人生を送り、尊厳ある死を迎えることについて、国中で語られるようになった。この観点は、あなたが仕事で関わる長寿カスタマーへの考え方にも影響しているはずだ。企業は尊厳を重視したビジネスを行うべきなのだ。向き合うのが辛いことも多いが、こうした議論は非常に重要だ。

パンデミック期間に起きたイノベーションは、一過性に終わらず、今後の社会に定着していくだろう。小売店は60歳以上向けの営業時間を設定し、高年齢層向けの食品配送やＩＴサポートを行うスタートアップも登場した。また、遠隔診療が通常の保健医療に組み込まれることで、新たなビジネスチャンスも続々と生まれている。

さらに、社会的、文化的な点でいえば、この非常事態を経てようやく、年配者の社会貢献の大きさ、人材としての重要性が認識されるようになった。コロナ禍には、アンソニー・ファウチ博士をはじめとするリーダーやベテラン医師、元看護師らが最前線で活躍した。それを目の当たりにして、私たちの認識は大きく変わった。

本書の構成

そうしたわけで、２０２０年、２０２１年に世界が震撼する事態が起き、課題に直面した後も、私は未来を悲観していない。

22兆ドル市場は、変わらず存在している。本書は、長寿社会による影響とビジネスチャンスを再考するための一冊だ。対象読者として、経営者、イノベーター、マーケター、起業家、投資家、そして長寿世代の当事者を想定している。本書を読めば、急速に拡大する60歳以上マーケットの実像を理解して、長寿ビジネスを実践できるだろう。

本書は2部構成となっている。

第1部は、長寿化を正しく理解したうえで、「年齢《エイジ》」だけで高齢者を一括りにせず、個々の「ステージ」に着目するマインドセットを持つためのパートだ。

まず第1章では、人口動態の変化を示し、「寿命」（年齢で捉える発想）と「健康寿命」（ステージで捉える発想）の違いを解説する。

第2章では、長寿に関する用語を刷新することで、既存の議論の方向性をリセットしたい。年齢だけで人を判断するのはもはや無意味であり、「老人」「高齢者」などの表現は、むしろ有害だ。新たな語彙とナラティブが必要だ。そこで、私は「人生の5Q」（5四半期）というフレームワークを提案したい。人生を、日没までの直進的な流れと捉えるのではなく、さまざまな時期に多様な活動を同時並行で行うポートフォリオとして捉えるべきなのだ。

続いて第3章では、長寿マーケットを実際にセグメント化する際にどう考えればいいのかを解説する。マーケティング上、重要なセグメントについては掘り下げて見ていきたい。ここでも、カスタマーの年齢ではなく、ステージに着目してセグメント化を行うことが重要だ。

第2部は、長寿マーケットのビジネスチャンスを深掘りし、そこで予想される障壁の乗り越え方を検討するパートだ。

第4章では、優れた「長寿マーケット戦略」を実践した企業の事例を紹介する。これまで60歳以上はターゲット外だった領域にこそ、ビジネスチャンスがあることを、事例を通じて見ていきたい。

第5章では、長寿ビジネスにおける、さまざまなカスタマー（顧客・取引先）について解説する。製品・サービスの支払いや購入を行うのは、実際に利用するエンドユーザーではない場合も多い。これにより顧客獲得の際によく起きる課題についても検討したい。

第6章では、集客・販売のチャネルの課題についての章だ。長寿マーケットではチャネルの問題が非常に難しい。問題解決のための新たなプラットフォーム・ビジネスも紹介しておこう。

第7章は起業を扱う。長寿ビジネスでの起業、そして長寿世代の当事者による起業の可能性を示したい。

第8章は、まとめの章だ。高齢者に関する議論を変える主体者となって、エイジズム（年齢差別）を克服し、多世代が活躍する場を育むことでイノベーションを起こそう。こうした変化を起こすためには、社内制度や政策への関与、尊厳を重視した経営が必須となる。

すべて重要な内容だが、読者の状況によって、どの章が役立つかは異なるだろう。戦略策定の際に関連項目を繰り返しチェックしてもらってもいいし、起業関連の情報を探している人もいるだろう。すべての読者にとって使える本になるよう、各章の冒頭には概要を、章の終わりには箇条書きでポイントを掲載した。

また、巻末には付録として、長寿化戦略を検討する際に役立つ資料集もつけておいた。こうした実用的なアプローチが、あなたのビジネスに役立てば嬉しい。

長寿世代のニーズを捉えた新ビジネス、新戦略、新たな問題解決を生み出すことによって、カスタマーはもちろん、従業員や地域社会にも、大きな影響を与えることができる。こうしたニーズへの取り組みを通じて、私たちはより良い社会づくりに貢献できるのだ。人びとが今以上に安心して尊厳に満ちた長寿を享受できる社会を実現するためにも、本書を通じて、長寿ビジネスのヒントをつかんでほしい。

第1部

長寿化を理解する

PART ONE
UNDERSTANDING
LONGEVITY

第1章 寿命から健康寿命へ

From Lifespan to Healthspan

出生率の低下と平均寿命の伸長により、人口高齢化が進行している。人口高齢化は、米国をはじめ多くの国で、今後数十年は続くメガトレンドである。[1]過去１５０年で寿命は倍に延びており、これは人類史上有数のサクセスストーリーだ。現在生まれてくる子どもは過半数が１００歳を超えて生きると予測されている。この「新たな長寿化」に伴うビジネスチャンスを捉えた戦略が、あらゆる業界で求められている。

目前に広がる長寿マーケットのビジネスチャンスを理解するために、まず現在進行形で起きている人口動態の変化を理解しておきたい。そのうえで、寿命から健康寿命へとマインドセットを変換することが重要だ。

現在、そして近未来に起こる主な人口変化を、年表で見てみよう。[2]

- ２０２０年……米国では65歳以上人口が５４００万人超で全人口の17％となっている。毎日１万人以上のベビーブーマー世代が65歳を迎えている。
- ２０３５年……米国の65歳以上人口が18歳未満人口を上回る。
- ２０５０年……米国人口の約22％にあたる約８７３０万人が65歳以上となり、人口の８％を占める80歳以上の層も急速に拡大する。地球上の約32億人が50歳以上となる（現在は16億人）。

また、65歳以上人口が15歳未満人口を上回るのは人類史上初である。

18歳未満人口を65歳以上人口が上回る人口逆転現象は、グラフを見れば明らかだ。もう10年もすれば若年人口と高齢者人口の逆転が起こる[3]（図１‐１）。米国は、１９６０年には35歳以上の人口が上に行くほど先細りする「若い国」だったが、１００年後の２０６０年には、75歳未満の全年代で人口ボリュームが等しくなる。[4] 75歳以上についても差は少ない。

図1-1｜米国における若年人口と高齢者人口の予測（2016～2060年）

2035年までには米国史上初めて、高齢者人口が若年人口を上回ると予測されている

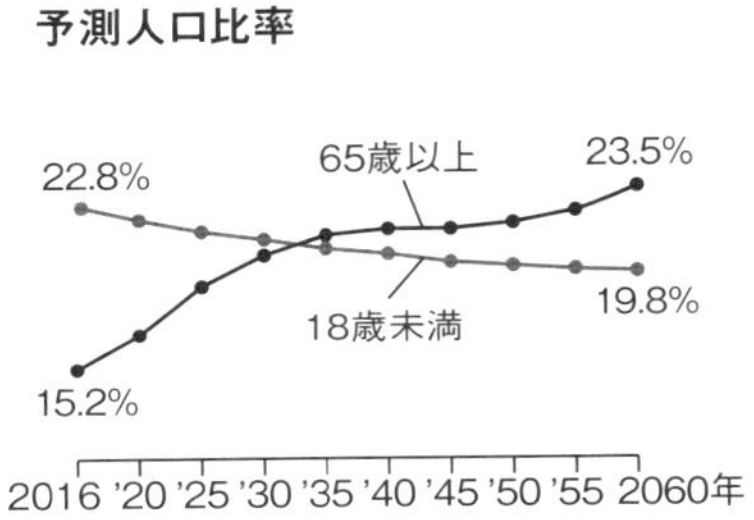

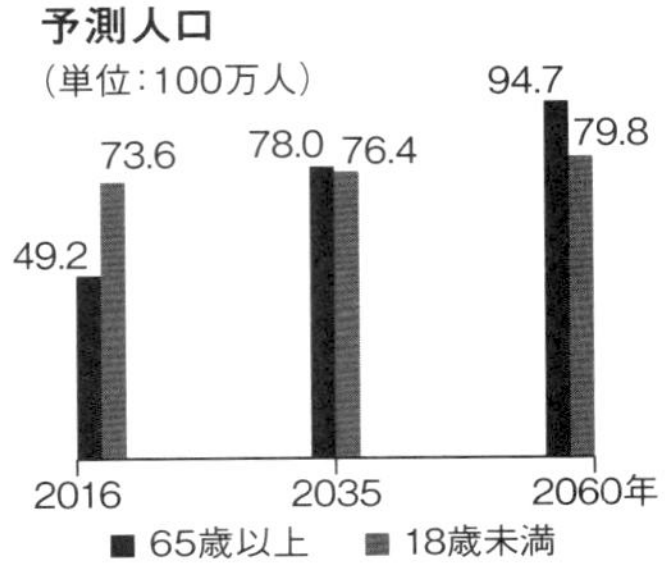

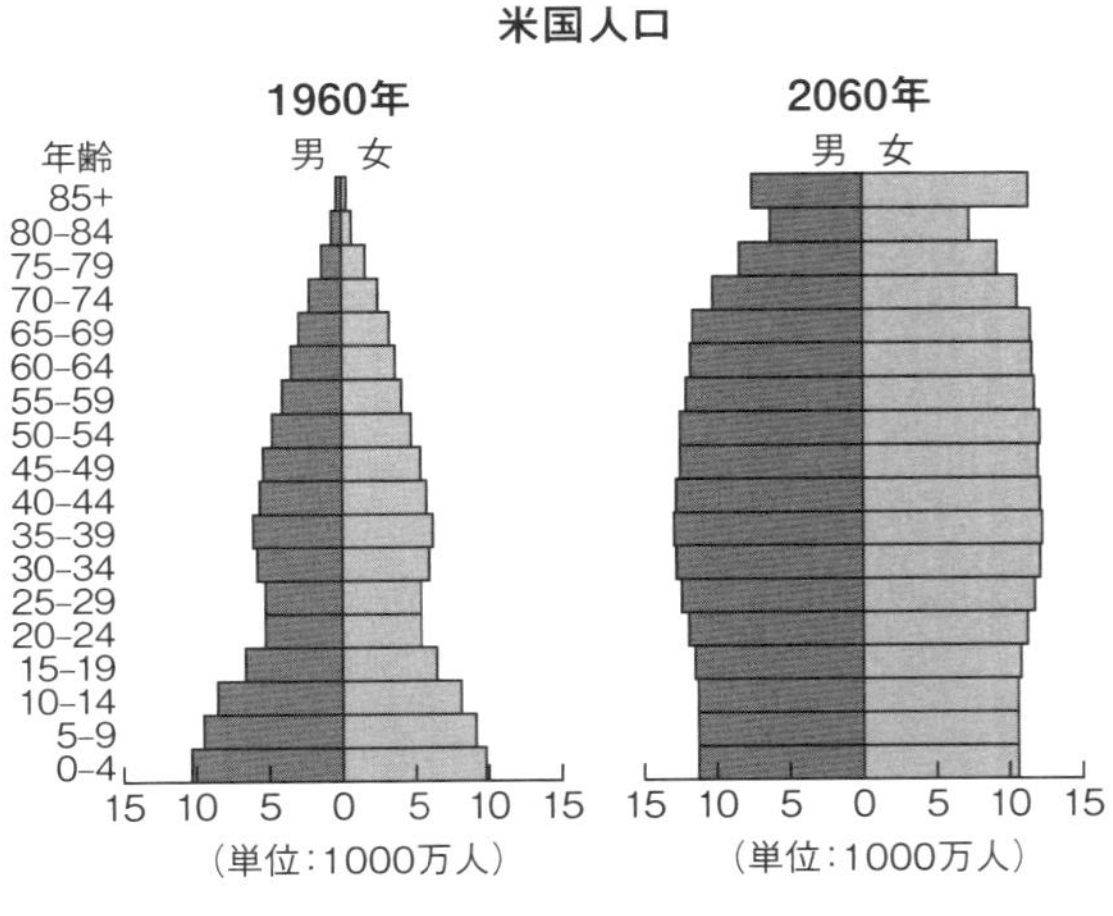

（出典）
米国国勢調査局「高齢化する国家：未成年・高齢者人口の予測」「ピラミッドから柱へ：米国人口、100年の変化」
国勢調査インフォグラフィックス&ビジュアライゼーション（2018年3月13日）
www.census.gov/library/visualizations/2018/comm/historic-first.html
www.census.gov/library/visualizations/2018/comm/century-of-change.html

「長寿」と「老化」は違う

こうした人口動態の変化について意義ある議論をするためには、使う語彙に気をつけるべきだ。長寿化を語る際には、用語選択によって受けるイメージや理解が大きく変わる。エイジズム（年齢差別）も含めて、この件は第2章で詳しく説明する。ここでは、長寿ビジネスを理解するうえで基本となる言葉の違いをはっきりさせておきたい。

「長寿」と「老化」は、しばしば混同されがちだが、本質的に異なる概念である。90歳まで生きることは「長寿」の実現であって「老化」ではない。「長寿」は寿命の長さのことで、「老化」という生物学的プロセスとは別ものだ。「長寿」は時間の話だが、「老化」や「老い」は生物としての自然現象を指す。「老化」は、生化学的・生理学的機能を維持する能力が徐々に低下する状況を指す語だ。「老化」に伴って、病気や死亡のリスクは高まる。先進国で死因の上位を占める疾患は、老化に伴って発症率が急上昇するものがほとんどだ。[5]

本書で長寿化に伴うビジネスチャンスを論じる際には、高齢者向けビジネスの話だけをしているわけではない。老化対策や、老化に伴う疾病の発症を遅らせる医薬関連の研究に巨額の資金が投じられているが、これらは長寿ビジネスのうち、生物学的側面という、ほんの一部でしかない。各種のカロリー制限法や、ラパマイシン（シロリムス）の実験的使用など、老化対策・アンチエイジング領域ではさまざまなイノベーションが起きているが、それは長寿マーケットのごく一部分なのだ。

もちろん、アンチエイジングへの大規模な投資は今後も続くだろう。このマーケットを調べていると、「ロンジェビティ（長寿）」を冠した企業やファンドが目につくので紛らわしいのだが、大半の企業は「長寿《ロンジェビティ》」という語を使いながら、延命のための生物学的介入に特化している。要は、長寿ではなく「老化」対策ビジネスなのだ。投資家の注目領域ではあるが、本書では、それ以外の長寿マーケットを主に扱っていく。本書は、もっと広い視野で「長寿」を捉えている。アンチエイジング・老化対策のイノベーションは長寿に寄与する一要素だ、と理解しておけばいいだろう。

「寿命」vs「健康寿命」

「寿命」は「長寿」とほぼ同義の語である。この150年で人間の寿命を2倍にできたのは、人類史に輝く偉業であろう。

人類史のほとんどの時代、人間は1世代（約30年）以上は生きられなかった。それがたった

100年で、人類の寿命は、過去の伸び幅を全部合わせても足りないほど長くなった（図1-2）。1900年に米国で生まれた男性の平均寿命は47歳、女性は49歳だった。今米国で生まれる子どもの平均寿命は約80年で、3分の2以上が104歳まで生きるとされている。[6] 1960年から2015年の間に、米国の平均寿命は69・7歳から79・4歳へと10年近く伸びた。[7] 私にはまだ孫がいないが、これから生まれる孫たちが30代になっても私は生きている可能性が高く、ひょっとしたらひ孫にも会えるかもしれない。

この目覚ましい変化は、100年の間に保健・医療が大きく進歩したおかげだ。20世紀には公衆衛生と医療の水準が著しく向上しており、とりわけ周産期と乳幼児医療の進歩により、乳児死亡率と妊産婦死亡率が低下したことで、平均寿命は大幅に延びた。

また、予防接種と抗生物質の普及によって、小児期の疾病が抑制されたことも大きい。さらに、1990年代以降は米国人の死因の上位を占める心臓病とがんにおいても、患者の死亡率が低下している。[8] これらは今なお死亡理由として上位を占めているが、そうした疾患があっても長生きが可能になったのだ。

直近では米国の平均寿命の伸長は鈍化傾向にあり、さらに、オピオイド（麻薬性鎮痛薬）の蔓延と肥満の増加、そして新型コロナ感染症のパンデミックが重なって、平均寿命はわずかに短くなった。とはいえ、パンデミックは人口動態に影響を与えるまでには至っていない。出生率の低下と平均寿命の伸長によって起きる人口高齢化は、今後も続くメガトレンドだ。

図1-2｜平均寿命の変化（1770〜2018年）

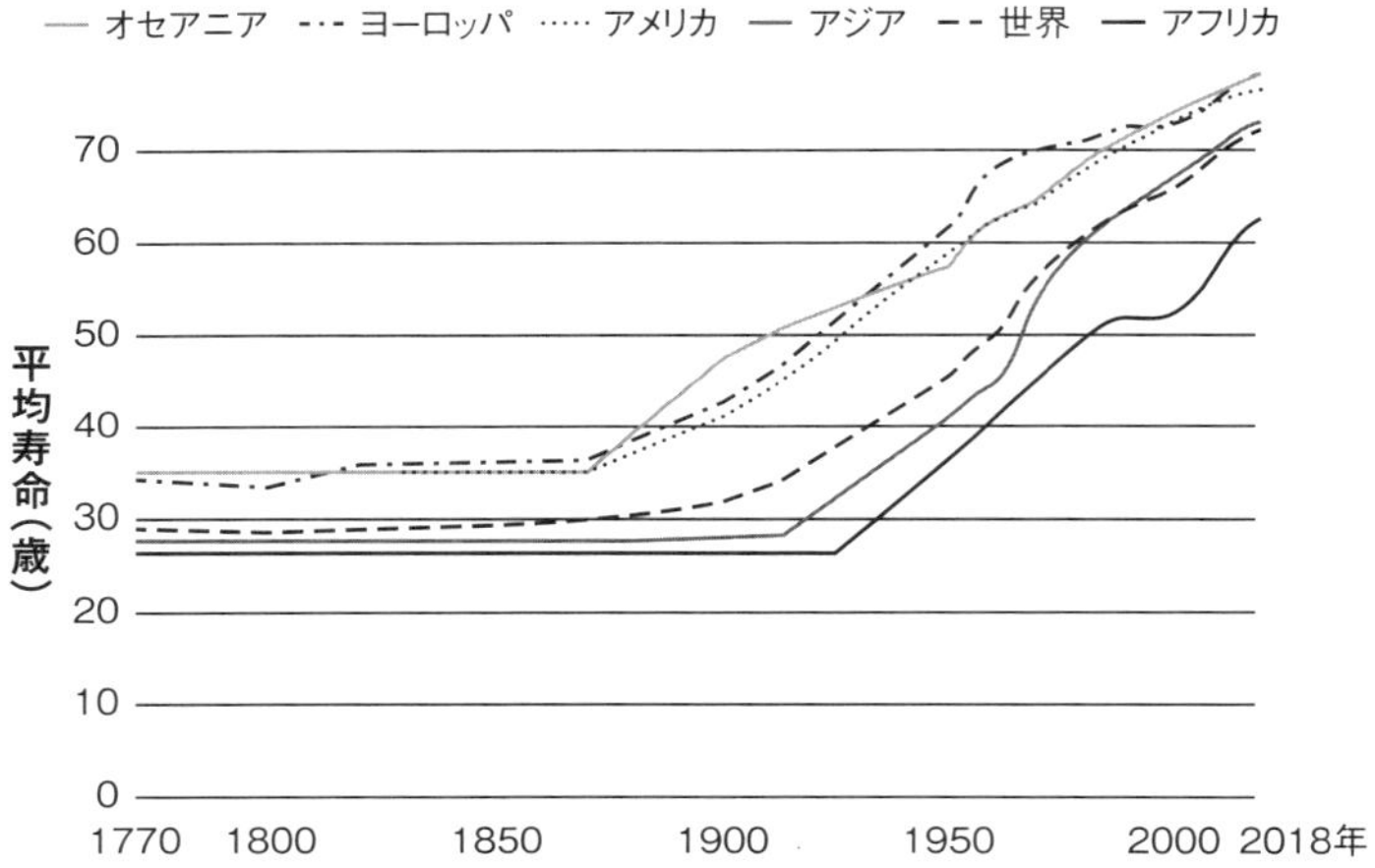

（注）平均寿命（出生時平均余命）とは、出生年時点における死亡率が変化しないと仮定した場合に新生児が生きられる平均年数を示したものである。

（出典）

ジェームズ・C・ライリー、クリオ・インフラ、国連人口部門による推計データをアワ・ワールド・イン・データが編集。

https://ourworldindata.org/life-expectancy

ただし、寿命の伸長を、単に生存年数が延びただけの話として捉えるべきではない。それ以上の変化がまさに起きている。ただ長く生きるだけでなく、「健やかに生きられる時間が延びている」点こそ、重要なのだ。

おおむね自立して健康的な生活が送れる期間を「健康寿命」と呼ぶ。定義はいろいろあるが、一般に「健康寿命」というと、死因の上位を占める重篤な疾患（心臓病、肺がん、慢性閉塞性肺疾患、脳卒中、アルツハイマー病、２型糖尿病、大腸がん、乳がん、前立腺がんなど）に影響されず生きられる期間を指す。

私の母の人生を見れば、「寿命」と「健康寿命」の違いがよくわかる。母は90代まで生きた。同世代の中では、かなりの「長寿」ではあった。けれど、「健康寿命」はそれほど長くなかった。60代から慢性疾患をいくつも抱え、晩年には20回以上の入退院を繰り返した。

対照的なのが友人のマークだ。70代の彼は先日、ロックバンド、マルーン５のライブから帰ってきて言った。「身体は70歳でも、僕は45歳だよ」。まさに、健康寿命の伸長を体現している。

もちろん、健康寿命の話は、健康か不健康かだけで単純に分けられない複雑さを伴うため、60歳以上の全員――数千万人もいる大集団――を一律に健康寿命で判断すべきではない。誰もがマークのように生きているわけではない。その多様性こそがポイントだ。

60~90代の中には、20~40代の頃と変わらない健康状態の人もいる。年齢とともに活動の量やバランスを修正しつつ、仕事や運動、旅行を楽しみ、冒険を求める人もいる。この5年で知り合った新しい友人は、スキーとカーレーシングに熱中している。不動産業を営む彼は76歳だが、行動力は35歳の知人と変わらない。

長寿ビジネスで成功するうえでは、まず「健康寿命」という重要な概念を理解しておきたい。健康寿命が長くなれば、ライフステージも多様になり、そこにビジネスチャンスが生まれるのだ。だから、「寿命」よりも「健康寿命」を重視すべきなのだ。

長寿ビジネスとして、寿命を延ばすための医薬品や治療法の開発の市場も大きいが、それ以上に、人びとの健康寿命を延ばすためのビジネス、そして、長くなった人生をより自由に楽しむためのビジネスへのニーズが高まっている。[9] この違いは大きい。

たとえば、１００歳まで生きるとして、最後の20年を歩行器や車椅子で移動するのと、ビーチの散歩やテニスをして過ごすのでは大違いだ。同じ「歩く」にしても、キッチンまで歩くのと、美術館に歩いていくのではかなり違う。

健康寿命の伸長に寄与する要素は、ビジネスチャンスにつながっている。病気を遠ざけ、健康寿命を延ばすには、当たり前の話だが、健康的でバランスのとれた食生活、定期的かつ適度な運動、禁煙、節酒などが確実な方法だ。たとえば、地中海式の食生活が良いことは多数の研究で実証されている。

また、社会活動、知的活動、身体活動も、健康寿命に大いに影響する要因だ。これらはメンタルヘルスへの効果だけでなく、肉体的な健康とも強い因果関係がある。これは見過ごせない事実だ。社会的孤立は、1日15本タバコを吸うのと同じくらい身体に有害だと実証されている。[10]

私たちは「加齢」に関するステレオタイプな見方を改めるべき時期に来ている。健康状態も改善し、認知症の発症率も減少しているのだから。認知症関連のデータを見ると、新規発症率は、実際に低下している。これは健康寿命の伸長を示すデータだといえる。一方で、認知症の有病率は上がっているが、それは寿命自体が延びたためだ。

もちろん、老化に関連する疾患によって、多くの高齢者とその家族のQOL（生活の質）が低下しているのは事実だ。だが、大多数の人は健康に高齢期を迎え、人生で最高に幸せな時期だと感じている。これもまた事実なのだ。85歳でも過半数の人は自立生活を送れている。

高齢期に幸福度が上がることは、スタンフォード大学長寿センターの創立者でセンター長を務めるローラ・カーステンセンの研究ではっきり示されている。[11]「ある年齢を越えれば誰もが衰える一方で死を待つのみ」というような思考の罠には囚われないでほしい。事実、同研究によれば、70代は人生でも有数の幸せな時期なのだ。さらに健康寿命が長くなれば、より幸せな時間も延びるに違いない。

高齢期の健康状態を左右する最大の要因は教育だ。この観点は、長寿マーケットをセグメント化するうえでも非常に重要となる（セグメントについては次章以降で説明する）。

長期的に見て、教育ほど健康状態に影響する因子は他にない。また、教育は所得にも大きく影響する。米国では、経済的困窮にある高齢者数は２０２２年までに倍増し、４３０万人に上ると予測されている。[12] 教育によって所得が決まり、所得によって、適切な医療、栄養価の高い食品や質の高い住居へのアクセス、健康維持のための運動機会などが決まってしまう。

執筆時点で最終報告は出ていないが、新型コロナ感染症に関する速報では、低所得や貧困に関連する因子は、死亡率の高さと相関がある、と発表されている。

健康寿命の伸長に寄与する要因、あるいは健康寿命を損なう要因についての知識は、読者が自社の長寿ビジネスのチャンスとその規模を掴むうえでのカギとなる。寿命と健康寿命の両方が伸長することで、連鎖的にビジネスチャンスは次々と発生するわけなので、幅広い領域にチャレンジするか、特定の１領域に絞るか、やり方はいくつもある。

一例を挙げよう。２０１５年創立のワイダー・サークル社は、高齢者の多くが抱える社会的孤立を解決するため、「エイジング・イン・プレイス（病院や施設ではなく、地域で歳を重ねること）」の支援を行っている（詳細は第4章を参照）。同社は社会的孤立や孤独を減らすことで、人びとの健康寿命を伸長させようと取り組んでいる。人びとが孤独にならず健康であれば、教育を受ける機会ができるなど（まさに「生涯学習」の実現だ）、新たなサービスの利用が可能になる。こうして教育サービスの利用機会が生まれれば、この層に向けたUX（ユーザー・エクスペリエンス）開発というイノベーションの可能性も拓けてくる。このイノベーションによって、新たな学習プラットフォームやSNS開発など、さらなるビジネスチャンスが広がる。

あるいは、高齢者雇用も、緊急の課題であると同時にイノベーションの機会だといえる。友人のイーヴィーは、マサチューセッツにある私もお気に入りの朝食スポットでウェイトレスとして働いている。また、地元の食料品店でもレジを担当している。彼女が引退せずに働いているのは、仕事に生きがいを感じ、客やスタッフとの社交やつながりを望んでいるからだ。

健康寿命に寄与する要因のうち、社会的孤立だけをとっても、こうした事例が生まれている。あなたも、健康寿命に影響する各要因について事業を検討すれば、自社のビジネスチャンスはどこまでも広がるはずだ。

長寿+健康寿命=機会

このように世界中で人口動態が激変し長寿化の進む21世紀には、個人や社会にも新たな機会が生じ、企業にもビジネスチャンスが続々と生まれている。にもかかわらず、人生が長くなることのメリットについて、クリエイティブに考えている人はまだ少ない。人口構成の変化や、高年齢層の健康状態の改善、新たな成長市場の開拓チャンスをしっかり認識できたならば、業界を問わずあらゆる企業は、長寿社会と「新たな高年齢層」への取り組みに前向きになるはずだ。

医療、金融、教育、住宅、IT業界などでは、寿命と健康寿命が延びる影響と事業機会について真剣に考える企業も増えている。長寿ビジネスはまだ黎明期だ。高年齢層のニーズや要望に応えて、終活や終末期のサポートをする企業は続々と誕生しており、そうした事業へのニーズは確実に存在する。一方で、健康寿命の伸長に伴うニーズやウォンツを捉えたビジネスも必要だ。フィンテック、キャリア移行コンサルティング、ウェルネス産業、世代間共生や多世代交流、レジャーやエンターテインメントなど、幅広い領域で健康寿命の伸長に対応した新製品や新サービスが登場するだろう。

あらゆる企業、経営者、リーダー、起業家にとって、長寿ビジネスを検討し、戦略に組み込むことが必須になりつつある。ビジネススクールでも同様だ。なにしろ、長寿マーケットは最大の急成長市場なのだ。米国の消費支出の半分以上は50歳以上によるもので、世帯資産の83％を彼らが所有している。こうした数字は今後も大幅に増加する予測だ。これほどの巨大市場を無視して、良い戦略など描けるわけがない。

長寿化社会を戦略的に捉えるためには、まずは人口動態を知り、その市場を捉える用語を理解することから始めよう。重要なのは、「教育・仕事・引退」という3ステージの人生モデルがもはや成り立たないこと、そして、健康寿命が延びたことでビジネスにおける年齢の重要性が低下していること、この2点を理解することだ。

どんな商品やサービスが必要で、誰にどのように売れればいいのかを決めるのは「年齢《エイジ》」ではなく「ステージ」である。そして、学び方、働き方、キャリアのつくり方も、これまでの3ステージの人生とは別のものになる。

「年齢よりステージ」で顧客のニーズやウォンツを捉えることが、これからの標準になるだろう。たとえば、仕事や旅行、運動、冒険を楽しむ健康な40歳と80歳は、同じステージにいると捉えるべきかもしれない。ステージを軸にすれば、長寿マーケットを取り込んだ新たな戦略が見えてくる。教育業界から、ファッション、エンターテインメント、旅行、住宅業界まで、あらゆる領域で、ステージを軸にした戦略が重要になるのだ。

「人生100年時代」を自分の仕事に生かす

この社会は、人生のさまざまな節目を年齢で区切ってきた。定年もそうだ。65歳定年の仕組みが導入されたのは1880年代だが、当時は65歳を超えて生きている人が稀だった。このように、米国の社会保障制度は、そもそもの前提が古い。

100年時代の人生戦略を考えようという現代に、65歳での引退はそぐわない。多くの人はもっと長く働きたいし、稼ぎ続ける必要もある。勤続40年の収入でそこから40年の余生を賄えるほど余裕のある人は少ない。

たしかに一昔前までは、65歳で定年退職するのが当たり前で、あとはのんびりできると考えられていた。けれど今日では65歳で退職した後の人生が35年もあり、うまくすれば35年の健康寿命を享受できる。多くの人にとって35年という時間は、これまで仕事や家族に捧げてきた期間にほぼ等しい。かつて引退していた65歳から、90代まで、あるいはそれ以上生きて人生を終えるまでの長い期間に、現代人は、さまざまな目的や活動のステージを経験することになる。

人生100年時代には、長い生涯に対応した新たなビジネスチャンスが生まれる。仕事の時間軸や質が大きく変わる中で、キャリア移行支援サービス事業も伸びるだろう。現行の20年サイクルを前提とした教育制度とは異なる、60年スパンの教育サイクルが当たり前になるかもしれない。仕事と仕事以外のリソース両方を活用して学び続けるアクティブ・ラーナー（能動的な学習者）になることが、人生100年時代には重要だ。人生の冒頭20年に教育を受ければ、残り80年はその知識で対応できるという発想はもはや非現実的である。

金融業界も長寿化社会のニーズに応じて、ベビー・ボンド制度［訳註：行政が新生児の信託口座に入金する政策。低所得者家庭の教育効果が期待される］の長寿版など、新たな金融商品を開発するだろう。施設ではなく自宅で老後を過ごせるような新しい住宅サービスも生まれている。こうしたイノベーションは、健康寿命の伸長にも寄与するはずだ。

企業の人事戦略としても、ボランティア休暇、サバティカル（研究休暇）などの長期休職制度、介護休職、旅行やレジャー休暇、そして多世代がつながる職場づくりが、人材確保のためにも重要になる。マルチステージのキャリアを支援し、キャリア移行や転職を支援する企業も登場している。今後は、従業員を年齢で判断せず、個々のライフステージを尊重する企業が成長するだろう。

ジョンソン・エンド・ジョンソンの「リ＝イグナイト」や、JPモルガンやFacebook（現Meta）のリエントリー制度のように、大企業が有給の「リターンシップ（再就職）」プログラムを提供するケースも増加中だ。50歳以上の従業員向けに最新のデジタルリテラシーを提供する企業も出てきた（第4章参照）。働く人びとは、米国の「529プラン」のような学費積み立てと税制優遇の制度を、子どもの教育資金形成だけでなく、自分自身の学びのために求めるようになるかもしれない。学び続けること、いつでも学べる機会を提供することは、人生100年時代の標準仕様になるはずだ。

長寿時代には、いくつになっても人びとは経済活動に貢献したいと望むし、多様な形態で貢献できるようになる。フルタイムやパートタイムの働き方はさまざまで、独立コンサルタント、業務委託、フリーランス、あるいは「高齢起業家《オールダープレナー》」として活動をする場合もあろうし、ボランティアや介護者として活躍するケースもあるだろう。こうした全員が消費者として大規模な富の再分配を担うことになる。50代以上の起業家を対象としたインキュベーション施設やコワーキング・スペースも登場している。こうした機能は、パンデミック後も一部はバーチャルで運営されるべきだろう。

さらに言うと、まだあまり認識されていないが、企業が5世代〔訳註：米国で使われる世代区分で、沈黙の世代、ベビーブーマー世代、X世代、ミレニアル世代、Z世代の5世代を指す〕にわたる人材を確保することの意義は大きい。幅広い人材を確保することで、優れた知見とクリエイティブな発想が得られるからだ。年齢はバラバラだがステージは共通するカスタマーのタイプをうまく捉えて、プロダクト設計やカスタマーサービス、マーケティング戦略に生かすことができる。このように長寿化をうまく捉えた企業こそが、高年齢層にも支持されるような多世代型製品・サービスを開発できるだろう。

経験豊富な熟練人材の見直し、評価も進んでいる。組織として多世代人材を確保することで、若手社員がメンター業務を行う「リバース・メンタリング」も可能になり、世代を超えたつながりが活性化できる。多世代人材は財務的にも評価されつつある。

２０１９年９月、組織・人事コンサルティング企業、マーサーは、「Are You Age-Ready?（年齢対応、できてますか？）」と題した報告書とプラットフォーム「ネクストステージ」を発表し、多世代型組織を構築する手順を示した。[13] 年齢の高い従業員を入れると組織のＥＱ（心の知能指数）が上がる。ＤＱ（デジタル・インテリジェンス）だけでは測れない価値が発揮されるのだ。企業がこうしたメリットを認識して、多世代活用に乗り出せるよう、ＡＡＲＰ（旧・全米退職者協会）と世界経済フォーラムが共同のプロジェクトを行っている。また、米国老年学会の後援で、メディアが描く高齢者像を再考するプロジェクトも進行中だ（第８章を参照）。

健康寿命が伸長する中、あなた自身のキャリアや人生設計を考える際にも、これまでの常識を問い直すことが必要になる。家庭に集中する、復学する、人生の次のステージを考える、といった理由で、何度かキャリアを離れる時間を人生設計に組み入れてもいいだろう。自分がどんな仕事やキャリアを追求したいか、先入観に囚われずに検討した結果として、６～10種類の仕事を経験する可能性もある。年齢ではなく、人生のステージに即して働き方を選ぶ時代だ。

自分の健康寿命を長く保つために、健康管理や体力づくりを優先する場面もあるだろう。また、多世代人材を率いるリーダーとしての能力も身につけなくてはならない。組織のリーダーのマインドセットが変われば、年齢に縛られない組織が構築できる。それに、長寿化に即して、事業戦略を常に確認、検討することも可能になる。こうして、単なる延命ではない21世紀型の長寿——健康寿命の伸長——にビジネスで貢献できるのだ。こうしたマインドセットを持つ企業の事例は第4章で詳しく紹介しよう。

あなたも経営者として、プロダクト責任者やチームリーダーとして、社内起業家、あるいは地域社会のリーダーとして、自身の取り組みにこのマインドセットを取り入れてほしい。

過去100年で寿命が100歳に延びたのはかつてない偉業であり、このレベルの長寿化を前提とした人生の再設計はまだ始まったばかりだ。長寿化は揺るがぬ事実だが、それに対応して長い人生を活用するのは、簡単にできることではない。取り組みの一例として、スタンフォード大学長寿センターは、100年時代の人生のビジョンを策定し、「人生の新しい地図」を開発した。数年がかりのプロジェクトで、教育や所得、貯蓄をよりフレキシブルに配置した長寿時代の人生モデルも示されている。このような人生の捉え方が広く知られることで、企業によるイノベーションの機会も広がる。[14]

長寿センターが問いかけているのは、「新たに得た人生の時間（願わくは健康な時間）30年分を、一生のうち、どの時期に、どのように組み込めばいいのか」という重要な問いだ。

追加の30年をすべて最後まで取っておくべきなのか、それとも長い人生の複数のステージに、あちこち散りばめて使うべきなのか。たとえば大学の学部教育を6年制にして、その間にインターンシップや職業体験のための休暇を設定し、学生が自身の興味関心を深く理解できるよう支援するという考え方もできる。あるいは、キャリアの初期に、育児や介護で休職するのが当たり前になって、子育てを終えてからバリバリ生産的に働くようなキャリアプランが一般化すればいい、という意見もある。この場合には、育児・介護期間の税優遇などで、経済的ペナルティを負わずに済む仕組みが必要かもしれない。

読者のあなたには、ぜひイノベーターとして、マルチステージの人生をサポートする新たな方法を開発してほしい。まだ世に出ていないやり方が必要だ。今後、定年退職は消滅し、「非定年」という語ができるかもしれない。世界中の大学の教室やリモート授業で20歳と70歳が共に学ぶようになるだろう。キャリアの中で何度も長期休業ができるようになる。人生のステージ移行のプランニングをサポートする企業も出てくる。介護者支援の新たな仕組みも生まれるだろう。学び直しの費用を年金口座からペナルティなしで引き出せるような政策変更や金融商品が出てくるかもしれない。50歳、60歳差のある幅広い年齢層のカスタマーが同じ製品・サービスを使う状況も普通になるはずだ。

こうした長寿時代の新たなニーズや可能性に、消費者やマーケティング担当者、企業が対応できるよう、マルチステージの人生を表す新たなフレームワークが必要だ。人生の各ステージを表す新たな呼称も必要だ。マルチステージの人生とは、単に中年期が長くなるのでもないし、高齢期・老年期が延長するのでもない。別のものだ。人生100年の全期間を使って、新たなライフコースを描き出すべきなのだ。

ここからの章では、長寿化という人口動態の変化を理解したうえで、それにうまく対応してビジネスを成功させるための情報を提供したい。まず次章では、長寿社会を生きる人びとを捉えるには、年齢ではなく、個人がこれから経験するステージ――まだ他の誰も経験したことのないステージ――に着目することの重要性について述べる。新たなステージのあり方を理解し、その名称を考えたい。

提言

- マインドセットを変えよう。人生を「教育・仕事・引退」の3ステージで捉えるのは時代遅れだ。今や人生100年時代なのだから。
- 数字を把握しておこう。2050年には、世界人口において50歳以上人口が今の倍になり、

65歳以上人口が15歳以下を初めて上回ると予測されている。

・米国の消費支出の50%以上、世帯資産の83%が50歳以上の手にあることを忘れてはならない。この層こそが、米国はもちろん世界で最大かつ急成長するビジネスチャンスなのだ。

・長寿ビジネスのターゲットは50代以上だけではない。人生１００年時代ならではの、多世代向け商品・サービスなど、広い視野でビジネスを考えよう。

・長寿社会のビジネスチャンスを検討する際は、「年齢よりステージ」の概念を取り入れよう。新しい人生の地図は年齢では決まらない。新たなステージが多数あり、新たなチャンスに満ちているはずだ。

・単に寿命を延ばす延命ビジネスではなく、健康寿命を伸長するためのビジネスを考えよう。

・プロダクト設計やカスタマーサービス、マーケティング戦略には、ステージの観点、多世代の視点を取り入れよう。

第2章

年齢いろいろ、ステージはそれぞれ

寿命と健康寿命が延びる中、「高齢者」と呼ばれる層を年齢で一括りにはできない時代になった。歳月を重ねた大人を言い表す語彙は、これまでは年齢関係の表現ばかりだったが、それではもはや不正確で的外れといえる。本章では、この世代の多様な生き方に対応した表現を検討する。まずは言葉遣いをリセットすることで、長寿マーケットへの理解を深め、厄介なエイジズム（年齢差別）の罠を克服してほしい。

Many Ages, Many Stages

以下の3人を想像してみてほしい。

エドワルドは10度目のF1モナコグランプリ観戦を終えたところだ。カーレースを愛し、毎日、電動自転車で仕事場に通う彼は、20代で起業した会社の経営を続けている。この間、大学で1年間の社会人向けの学び直し・継続学習プログラムを修了した。どこを取っても人生を満喫している彼は、毎冬、家族とスキーを楽しみ、地域コミュニティにも貢献している。夫婦で世界各地への旅行も楽しんでいる。

マリアは夫を亡くして10年になる。彼女自身も心疾患、糖尿病、呼吸器疾患などの持病を抱え、この間は脳卒中で倒れた。回復には3カ月を要したが、在宅ケアは加入している医療保険の適用外だったため、遠方に住む一人っ子のエリンが、投資銀行でのキャリアを中断して介護に来ている。今後の医療プランや遺産について、2人で話し合っているところだ。

キムは先日、アパレル企業を立ち上げた。アクティブな女性向けのブランドで、「ルルレモン」などの体のラインが目立つ若い人向けのブランドを好まない層が対象だ。出張で全国の代理店を飛び回っている。また、グループインタビューで女性のニーズを把握し、商品の改善などビジネスに生かしている。趣味のダンスと体操のクラスには、自社製品を着て参加している。

この3人を若い順に並べてみてほしいと言うと、活動的なキムとエドワルドが若く、病床のマリアは最高齢だと考えた人も多いだろう。

実際には3人とも同い年の75歳だ。だが3人全員が老け込んだ「老人」ではない。「シニア」と呼んでも間違いではないかもしれないが、その語では三者三様の活動やニーズ、欲求をまったく表現できない。

この3人に同じ語彙を当てはめて分類するのは馬鹿げている。たとえ寿命が同じだったとしても、健康寿命は大いに異なる。エドワルドは寿命と健康寿命の両面から見ても、元気とやる気に満ちている。マリアは健康上の問題を抱えて、治療と介護を必要としている。病弱で身体機能が限られており、いわゆる「老い」のステレオタイプに一番近いかもしれない。

それでも「老い」という言葉では、マリアの経験しているステージやそこでのニーズを捉えられていない。他方、キムは起業家（高齢起業家《オールダープレナー》）のステージで生き生きとしており、ビジネスの立ち上げに奮闘している。

65歳以上の層を指して使われている既存の語彙は、年齢に関連するものばかりだ。それでは表現しきれず、不正確だ。一語だけで30〜40年の幅のある人生の期間を表せる時代ではない。年齢でひとまとめにするのは雑だし、そもそも的外れだ。85歳でも半数以上の人は健康だし、米国の調査では70歳以上でも働いていたいと望む人が5割を超えている。[1]「シニア」「シルバー世代」「定年世代」といった語句は、もはや現状に則していない。

用語なんて取るに足りないことだと思う人もあろうが、物事の理解の仕方や考え方は、使う言葉によって大きく変わる。長寿マーケットとそこにあるニーズを深く理解したければ、きちんとした言葉を使うべきだ。正しい言葉を探そうともせず、不正確な概念を使い続けていると、本来は社会に貢献してくれるはずの生産的な人びとを、社会の隅に追いやってしまう。これでは、急拡大するビジネスチャンスを逃すことになる。

現状、適切な語彙はまだ存在しない。第1章で述べたマークは、「年齢は70代だけど45歳の感覚」と言っていた。弁護士として活躍している彼は、ミュージシャンとしての腕も良い。投資家でもあり、ロックコンサートが大好きで、90代になる父親の介護もしている。マークは単に「老人」として片づけられるのは自己像と乖離しているとよく言う。「やりたいことは今も30年前と同様にやれている。僕の人生のステージは変わってないのに、周りはそう見てくれない。残念だよ」

人びとの立つステージの多様性を表現するための新たな語彙が必要だ。同じ年齢でもステージが違えばマーケット・セグメントが異なるのだから。興味を持つ商品・サービスも大半は異なるだろう。

このテーマのパネルディスカッションを聞いたある学生が、新たなマインドセットをうまく言い表してくれた。「75歳の誰か1人だけを見て、75歳の人についてわかった気になっちゃダメってことですね」。どの年齢についても、それは当てはまるだろう。

年齢に縛られず、個々のステージを言い表す言葉を新たに創造して定着させることは簡単ではない。が、マーケターはこの課題に果敢に挑んでいる。なにしろ、高齢者の購買力は2018年時点で8兆3000億ドル超であり、2050年には3倍の28兆2000億ドルに達する見込みなのだ。[2] 長寿ビジネスに参画している企業は続々と、新キャッチフレーズを出してブランディングを試みている。

とはいえ、適切な言葉選びは難しい。シルバービルズやシルバーネストのような企業を例にとってみよう。シルバービルズは支出の管理サービスであり、シルバーネストは子どもが巣立って空いた部屋を学生や社会人に貸すマッチング・サービスだ。どちらも良いアイデアだが、ターゲット層がみんな「自分はシルバーだ」と認識しているとは限らない（マークみたいな人もいる）。シルバーという語は白髪を想起させるため、「自分は当てはまらない」と避ける人もいるだろう。こうしたサービスの潜在カスタマーは複数のステージに分布しているので、商品名やターゲットとのコミュニケーションにも、細やかな調整が必要となる。それなのに、企業はターゲットのステージを表現する語彙をまだ見つけられていないのだ。

第3幕《サードアクト》や第3段階《サードステージ》のように、「第3《サード》」という語を使っている企業も多い。これらもまた、時期を表す表現で、しかも「これで最終」という不吉なニュアンスさえある。そうではなく「ステージ」という視点で社会を捉えれば、もっと別のやり方がいろいろと見えてくるはずだ。

人生の終焉ではなく、人生の新たな章、新たなステージ、新しい目的、新たな冒険に乗り出す、というマインドセットを、どうすれば的確に表現できるだろうか。

「年寄り」呼ばわりはやめる

シルバービルズやシルバーネストなどの企業をむやみに批判すべきではない。このマーケットのニュアンスを捉えた新語を考案するのは難しいのだ。どの層に向けてどんな語をつくるべきかの議論は続いている[3]。ある調査では、「65歳以上は高齢者だ」と言われて、18～29歳の大半は違和感を持たなかったのに対し、60歳以上で賛同したのはたった16%だった。

この「新しい高年齢層」の実態を表そうとつけられた名称は、私が見つけただけでも50以上あった。以下のようなものだ。

探検者
ミドラー

ミドルシーン
多年生世代
B世代［訳註：ベビーブーマーをZ世代風に表している］
ニュー・オールド
ニュー・オールド・エイジ（新・高齢者）
ヤング・オールド（若き高齢者）
ヨールド［訳註：youngとoldを合わせた造語］
ベター・オールド世代
レガシー世代
オールドスター［訳註：ヒップスターとオールドを掛けた語］
エルダーフッド（年長者世代）
オールダーフッド
ヴィンテージ
特別な人（気品のある人）
経年新世代
ブルーマーズ［訳註：「花開く世代」とベビーブーマーを掛けた語］
経験豊富な世代

智恵者
モダンエルダー
プレ・オールド世代

こうした言葉を集めると、いくつかの傾向が見受けられる。色（グレー、シルバー、ゴールデン）、花（多年草、開花）、アルファベットの頭文字（リタイアのRをとったジェネレーションR、ベビーブーマーを示すGen B）、そして造語（ミドラー、ミドルシーン、オールドスター、オールダーフッド、そして正直言って変な語感だがヨールド）などだ。

当事者に気に入られたり注目されている語はほとんどない。さらに30年超を生きる活力や変化の可能性を捉えられていない。それに、新たなビジネスチャンスをうまく言い当てていない。

２０２０年の初めに、私はスタンフォード大学ディスティングイッシュト・キャリア・インスティテュート（ＤＣＩ）の「長寿社会とイノベーション」特任研究チームで、ネーミングのプロジェクトを立ち上げた。さまざまな領域から多彩な人びとが集結して、長寿化によって生まれる新ステージの呼称のアイデアを出し合った。デザイン思考でおなじみの、スタンフォード大学ハッソ・プラットナー・デザイン研究所（通称d.school）からも専門家を招き、世代をつなぐプロジェクトの方向性を支援してもらった。

プロジェクトでは、50～85歳を対象にインタビューを行い、それぞれの生きてきた軌跡や経験を聞くとともに、付与されるレッテルや呼称に対する反応を調べた。並行して、大学院生を対象に、加齢についての考え方、老人や高齢者とは誰を指すのか、そして自分が健康で元気な60代、70代、80代になった場合に、その新ステージで使われたい言葉についても聞き取りを行った。

このワークショップでは、課題を分析し、新しい語のアイデアを出し合い、ネーミング案をつくって発表した。海外には、「加齢は智恵を重ねることで、崇敬の対象だ」という文化とそれを反映した言葉を持つ地域もある。だが、米国の文化と言語では、「加齢」には衰退や終焉などのネガティブな含意が強い。これを乗り越えて、歳を重ねる中でこそ得られる知識や活力、経験、自信や信頼を表す言葉をつくろう、と私たちは考えた。

現時点で使われている50以上の語のうち、長寿時代のカスタマーの気分を害しない、もっとも一般的な語は「older adult」だとわかった。「Gen B（B世代）」（Seniorly［シニアリー］社のCEOアーサー・ブレッツシュナイダーによる造語）にも抵抗は少なかったが、今の若い世代に将来当てはめられるかという点で難がある。[4] Z世代がB世代になる、というのはややこしいだろう。

議論は「良い歳のとり方」や「健康で豊かな加齢」という話に収斂した。年齢ではなくステージを表す語彙にしようと合意できていた。そのうえで、新たなステージでの活力や熱意、役割を反映したい、というのが総意だった。実行者、開拓者、プレイヤー、リーダーといった新ステージでの役割を表現したかったのだ（図2-1）。

ワークショップではチームごとに、呼ばれて嫌な気がしない呼称を発表した。参加者の共感を得たのは以下の4つだ。

- ステージャー（経験豊富な人、ベテランの意）
- アーリー・ブルーマーとレイト・ブルーマー（最盛期の人。早咲き、遅咲き）
- ウェルダー（wellとelderを掛けた語）
- ズーマーズ（ZoomRz、疾走や急上昇を示すZoomを使った今風の表記。ベビーブーマーの蔑称化に対抗するニュアンスもある）

人によって共感する呼称は異なる。たとえば私なら「ルネッサンス（再生）」世代と呼ぶのが、個人的に響く。ルネッサンスは「人生のリニューアル、活力ある興味深いリバイバルや再生」を指す語だ。ここでの目的は1つの言葉に絞ることではない。時間軸に縛られた言葉遣いをやめて、ステージを軸にした言葉を使うことが重要なのだ。

今でも友達や年上の人たちに「どう呼ばれたい？」と尋ねてみることがある。友人のサムは

図2-1｜長寿カスタマーを表す新語

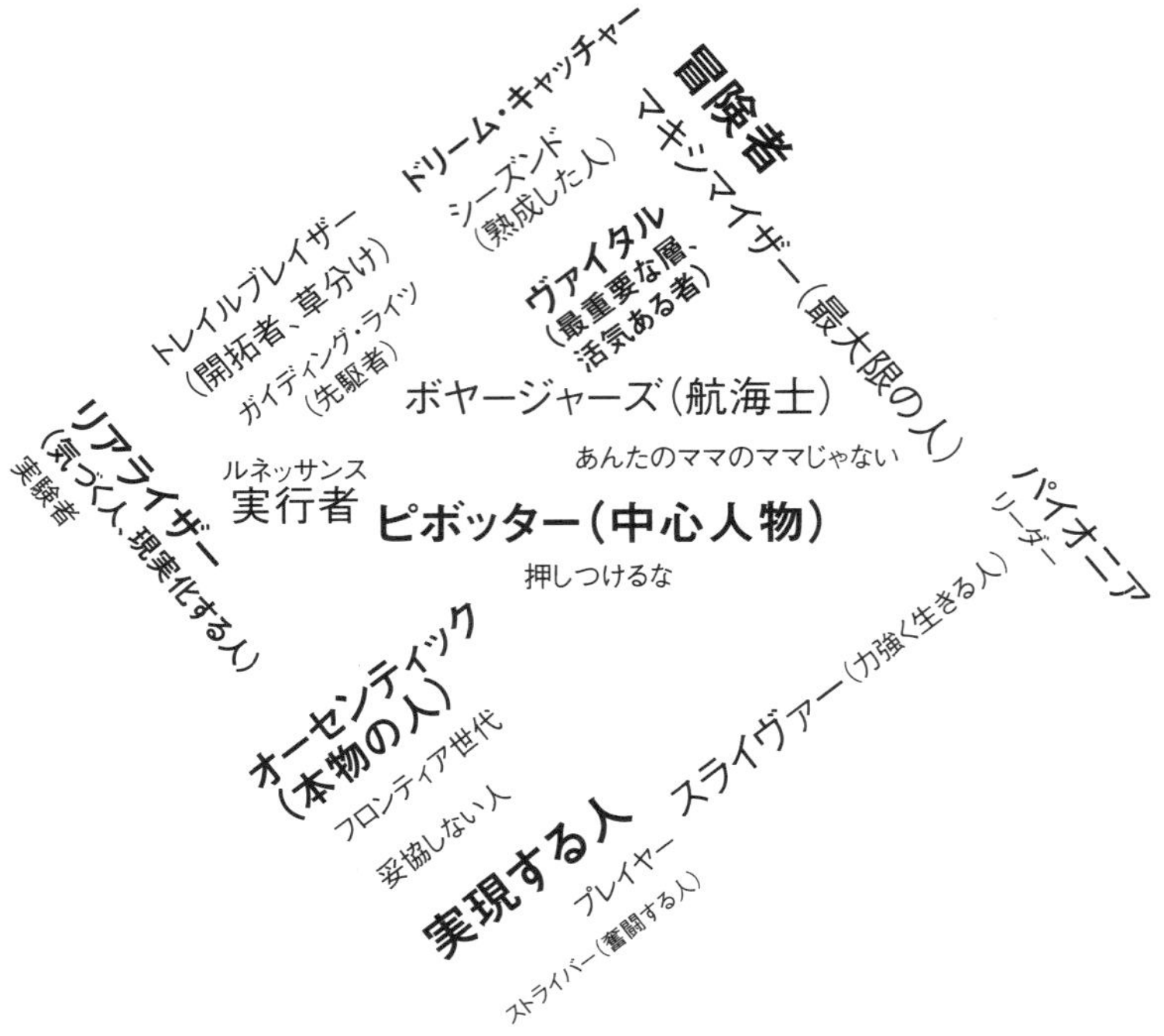

「先を行く人（furthers）」や「さらに先を行く人（further-mores）」がいいと言った。サムはサイクリングに熱を入れており、オンライン学習のコースもよく受講している。健康も学びもさらに先へ進もうとしているのだ。サムの義母シルヴィアは95歳で、地元の公営プールで毎日泳ぎ、フロム・インスティテュートの生涯学習プログラムに参加している。シルヴィアの健康状態はサムほど良好ではなく介護が必要だが、25歳離れたサムと同様に人生の目的を持って活気に溢れており、両者とも、これから先へと進む気概に満ちている。

ネーミング・プロジェクトは、新しい呼称への反応をグループインタビューで多様な層に確認した段階までだが、適切な言葉を使うべきだという考え方自体は、読者がイノベーター、マーケター、CEOとしてやっていくうえで重要だ。

高年齢層向けのマーケティング戦略を策定する際に、呼称よりも何よりも大切なのは、ターゲットとなる長寿カスタマーの新たなマインドセットを理解することだ。ぴったりのラベルを探すこと以上に、ステージの観点でカスタマーを捉えることがより重要なのだ。

「若いカスタマーの属性や態度と共通点が多いけれど、商品機能へのニーズには多少の違いがありそうだ」という姿勢でマーケティングを行うとよいだろう。年齢に合わせた商品特徴をセールスポイントにしないこと。年齢ではなく、あくまでステージで売ることが大事だ（具体的な内容は5章で説明する）。

ステージを定義する

ここまでは、長寿化によって出現した新たな人生の総体をどう呼ぶか検討してきた。それに加えて、長寿カスタマーが経験する人生の各フェーズやステージを分類・命名することも非常に重要だ。従来の「教育・仕事・引退」の3ステージはもはや時代遅れで不適切である。多様なステージが生まれているのだから、その多様なあり方を表す語彙が必要だ。さらに、ステージは、加齢とともに自動的に推移するものではないため、用語には柔軟性が求められる。

ここから本書では、18のステージを使った枠組みで整理を行う。表2-1は全18ステージを大まかにまとめたものだ。

各ステージについては、以降の章で詳しく説明するが、とりあえずは年齢とステージがきれいに対応するわけではないことに留意してほしい。1人が同時に複数のステージをまたぐことも多々ある。ステージ間の移動も一方向に進むわけではない。育児や介護、仕事を離れて学ぶ期間、体調回復のための休暇やサバティカルなどで、キャリアを何度も中断することもあるだろう。

表2-1|人生の18ステージ

成長のステージ	キャリアと家族のステージ	再出発のステージ	結びのステージ
始まり	継続学習	方向転換	終活
成長	経済基盤の確保	再発進	人生の幕引き
初発進	子育て・家族	人生の優先順位の再設定	
実験	介護	移行	
	健康状態の見直し	ポートフォリオの作成	
		再生	
		サイドプレナー	

先ほど紹介した友人のマークは、好きな音楽を追求する「人生の優先順位の再設定」のステージにあり、同時に95歳の父親のケアをしているため、「介護」のステージにも該当する。前述のマリアは重度の疾患を複数抱えており、「終活」のステージから「人生の幕引き」のステージに近づいているところだろう。

私の場合は「介護」のステージ（と同時に「経済基盤の確保」のステージでもあった）でキャリアを一度離れた後、現在は「再生」と「ポートフォリオの作成」のステージに立っている。そこで、興味深い新たなキャリア形成の機会に次々と恵まれ、イノベーターやリーダー、世の中にインパクトを与えたいと意気込む人たちの新しいコミュニティとつながったところだ。

「引退」という概念には引退してもらおう

このステージ一覧には「引退」「リタイア」という語がないのだが、それには理由がある。さまざまな変化を受けて、「引退」のステージが枠組みとして役に立たなくなってきているのだ。まず、定年退職の年齢が上昇していることが挙げられる。また、80、90代、何ならその先まで健康で生きているという経済的現実を前に、そう簡単には「引退」を選べなくなってきている。何より、健康な高齢者は引退を望んでいない。働きたいのだ。こうして、65歳で定年退職して引退、というのは時代遅れになっている。

従来の「引退」、すなわち定年退職のステージに代わるのは、以下のようなステージだ。

- 方向転換：キャリア優先の人生から新たな目的へと軸を移す
- 再発進：人生の新たな章を始めるための活動を行う（学習など）
- 移行：ある属性から別のものへと自分のアイデンティティを移行する
- 人生の優先順位の再設定：新たな優先順位と目標に向けて、価値観を再構築する

これまで引退後の生活だった時間の多くは「学習」に使われるようになる。学習は人生の冒

頭で済ませるものではなくなり、人生のあらゆる時期を通じて、より有意義な学びが得られるようになるだろう。個人としても、長い人生の中で、キャリアの移行を計画し、それに合わせたスキルアップを行う必要性がより高まるだろうし、企業としても対応が必要になる。複数のライフステージをまたぐサポートや、ステージ移行の支援に関わる新ビジネスが続々と出てくるだろう。

新たな起業家

寿命の伸長と長寿マーケット勃興の思わぬ副産物は、中高年による起業の急増である。60歳でビジネスを立ち上げる人の成功確率は、30歳で起業する人の3倍とされている。成功しているスタートアップの過半数は、50歳以上の起業家が始めたものだ。ユーイング・マリオン・カウフマン財団による２０１６年の米国におけるスタートアップの調査では、新たに誕生する起業家の25％は55～64歳だという。[5] ２０１８年の米国中小企業統計によれば、経営者に最も多い年齢帯は50～59歳であり、業務経験の豊富さや仕事上の人脈、経済基盤を活用して自社を成長させている。[6]

こうした世代は経験とスキルがあるからこそ成功できているのだ。さらに、長寿マーケットの場合、高年齢の起業家は、そこに有効な視点とインサイトを持ち合わせていることが多い。若い層がまだ経験していないステージを生きているのだから、同年代の消費者の多様なニーズやステージのあり方を、より的確に把握できるはずだ。

成功例が続出してこの認識が広がるにつれて、米国やカナダのスタートアップ投資家は、シニア起業家（シニア・アントレプレナー）の数を増やそうとしている。「オールダープレナー」「シニアプレナー」などの造語もでき、このトレンドは注目されている。だが、こうした動きもステージを見ず年齢だけに着目しているため、期待ほどうまくいかないことが多い。

アメリカン・エクスプレスによる造語「サイドプレナー」と比べてみてほしい[7]。

これは、私も気に入っている造語なのだが、「サイドプレナー」の定義は、「週20時間以下を自分のビジネスに投下する女性起業家」である。２０１４～２０１９年にかけて、この層は39%増加した。シェアリング・エコノミーの増加も一因であるが、長寿化で新たなステージに入る熟年層が増えたことも要因だ。でも、「サイドプレナー」という語は、年齢にはまったく注目していない。さまざまなライフステージの存在もなんとなく伝わる、よくできた語だ。

こうした新タイプのイノベーターや起業家は、経験、目的、情熱をしっかり持っていて、今後のビジネス界や社会に大きく貢献してくれる人材であるに違いない。

人生は5Q

ステージに関する語と定義はまだ発展段階にあり、さまざまな取り組みがなされている真っ最中だ。それだけに、用語もややこしく、わかりづらいかもしれない。

ここでは、本書を通して使える、読者に伝わりやすいフレームワークがあれば便利だ。そのフレームワークを使って、さまざまなステージの存在を理解し、各ステージが一生の中でどんな意味を持つかを理解できるような枠組みがあれば、読者の役に立つだろう。

そこで、前述のとおり、「5四半期」すなわち「5Q」と私が呼ぶフレームワークを使うことにする。数字としてちょっと変なのはわかっているが、寿命と健康寿命の伸長のおかげで利用可能になった、以前は使えなかった時間を表す狙いがある。

「5Q」は、個人が人生100年で経験するさまざまなステージを包含する、大きな枠組みだ。ただし、「1四半期＝1ステージ」で**は****な****い**ことは、しつこく言っておきたい。

この枠組みのもとで、人びとを「ステージャー」と呼んでもよいし、あるいは私たちのネーミング・プロジェクトが提案した新フレーズのどれかを使ってもよい。人生の第3〜5四半期（Q3〜Q5）の人びとが迎える長寿の新段階を説明するために、本書では「furtherhood（これから期）」という造語を使っている。「これから期」は、60歳を超えてこれから楽しみがたくさ

図2-2｜5四半期（5Q）ライフステージのフレームワーク

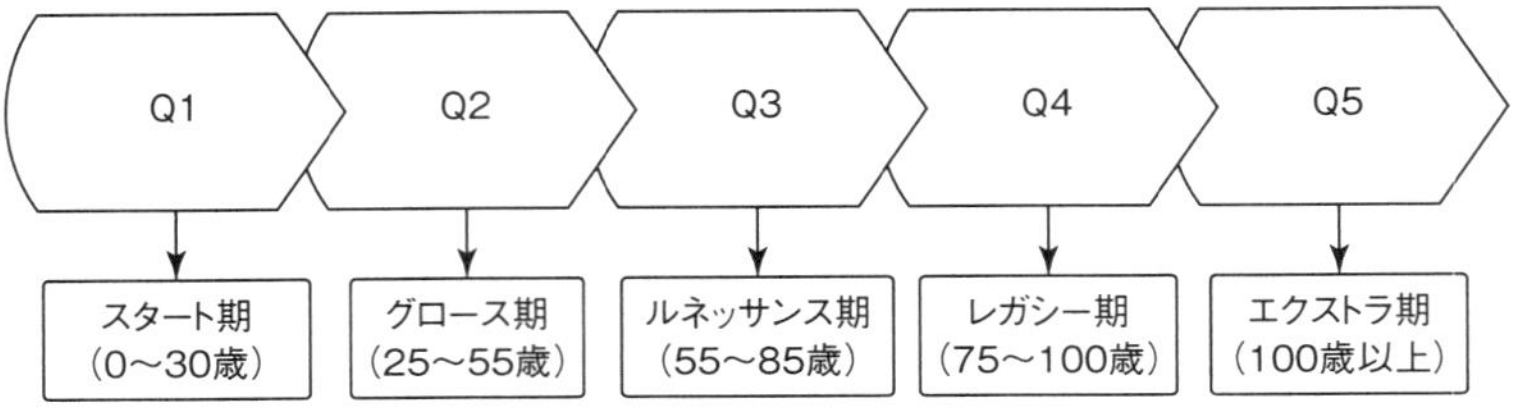

んある人びとを表す、年齢を意識しない語だ。

以下に5Qを整理していく（図2-2）。

①Q1（第1四半期）「スタート期」

従来の年齢でいえば誕生から30歳に相当する。ここでは話し、歩き、学び始める。高校や大学、仕事での新たな章が始まる。家族を持つ人も出てくるだろう。「スタート期」が30代まで続く場合もある。

②Q2（第2四半期）「グロース期」

個人が仕事に励み、キャリアの探求、移行、キャリアの中断、継続学習をする時期だ。Q2はおおむね25歳から55歳の時期と重なる。この時期には、多くの人が家族を持ち、コミュニティや他者との関係性、経済的基盤を育むだろう。人生を構成する要素を再検討することもよくある。Ｑ２はスキル向上や継続学習をし、長く生きて働くことを意識してＱ３への準備をする時期だともいえる。子育てや親の介護にあたる時期でもあり、両方をやる人も多い。

③Ｑ３（第３四半期）「ルネッサンス期」

再度の方向転換、再び活力を取り戻すための回復、再生や復活、再評価など、あらゆることに再度向き合う「再〜」の時期である。継続学習と探索に励みながら、人生のポートフォリオを組み直す時期だ。55歳から85歳の年代に該当することが多い。80代後半や90代になっても引き続きＱ３が続く人もいる。Ｑ３では、新たなキャリアに踏み出したり、改めて知識やスキルを得るために学校に入り直すことも多い。新たな家族を持つ人、子どもや親のケアを継続する人、孫の世話を手伝う人も出てくるだろう。この期になると、仕事は最優先というより、優先事項の１つで、他に大切なことが出てくる場合も多い。これまで「ポートフォリオの時間」と呼ばれてきた、所得を得られなくても意義ある活動を行う期間にあてる人も多いだろう。メンターやアドバイザー、投資家として独立・起業するチャンスに溢れた時期でもある。

④Ｑ４（第４四半期）「レガシー期」

第４四半期に入れば、自分の健康寿命を鑑みて、どのステージでどんな活動をするか再検討することになるだろう。80代、90代までＱ４が続く人も多い。また、Ｑ４では、医療や介護のニーズの変化を意識せざるを得ないだろう。とはいえ、当人のレガシーとして残るような新たなチャンスにも満ちている時期だ。

⑤Q5（第5四半期）「エクストラ期」

健康寿命が続けば訪れるボーナスタイムであり、それが難しい場合もあるだろう。Q5には人生のラスト5年が含まれるため、多くの場合、何らかの介護やケアが必要になる。現代に生まれれば100歳を超えて生きると予測されている中、長寿化によって追加されたこの年月をどう使えるかは、これまでの自分への投資――健康寿命の維持と資金面の両方――によるところが大きい。

この章の冒頭で紹介したエドワルド、マリア、キムは全員75歳だった（必要があれば読み返してほしい）。エドワルドとキムはQ3に該当し、キムはQ4である。このパラダイムを使えば、どの四半期でも、複数のステージを経験していることがわかる。たとえば、Q1やQ4の時期に育児や介護をする場合もある。Q4に介護を必要とする人も、そうでない人もいる。

この視点を踏まえると、自社の商品・サービスの購入者とエンドユーザーは違う場合がある、というのも納得だ。それならば、さまざまな年齢層や多世代に受けるような商品・サービスを生み出す必要がある。こうした長寿カスタマーの複雑さ（購入者、支払者、エンドユーザー）

については、5章で詳しく見ていこう。

5Qと18ステージを掛け合わせれば、無数の組み合わせがあるのだが、ともあれ、この2つのフレームワークをクロスさせて、人生の各Qのステージに即したマーケティングを考えてみよう。図2-3は2つのフレームワークを使って、架空の人生を描いたものだ。

言葉は大事

新たな言語を生み出し、年齢からステージへとマインドセットを切り替えるべき理由の1つがエイジズム（年齢差別）と戦うためだ。長寿化で生まれる新たなステージに対応した新しい言葉を生み出すことで、既存の偏見やステレオタイプを打破することができる。

こうしたバイアスは、もちろん高年齢層に対して不平等に働くが、企業や投資家にもマイナスだ。この年齢層は世間の予想を超えて社会に貢献できるのに、エイジズムで視点が曇っているせいで、その成長力と多様性を見過ごし、事業機会を失っているのだ。

エイジズムの核心にあるのは、65歳を過ぎた人は経済的に自立できなくなり、日常生活にも世話が必要で、体は弱く病気がちになり、在宅介護が必要になるんだろう、というステレオタ

図2-3｜5Q人生の例

長寿化時代、ステージは広い年代にまたがっている。マリアが100歳まで生きるとしたら、このような5Qライフを送ることになるだろう。複数の期（Q）をまたいでステージが継続する場合もあるし、別のタイミングで再登場するステージもある。なお、マリアはQ2の時点で「介護」のステージを経験しており、60歳になるずっと前から「長寿カスタマー」だったことにも留意したい

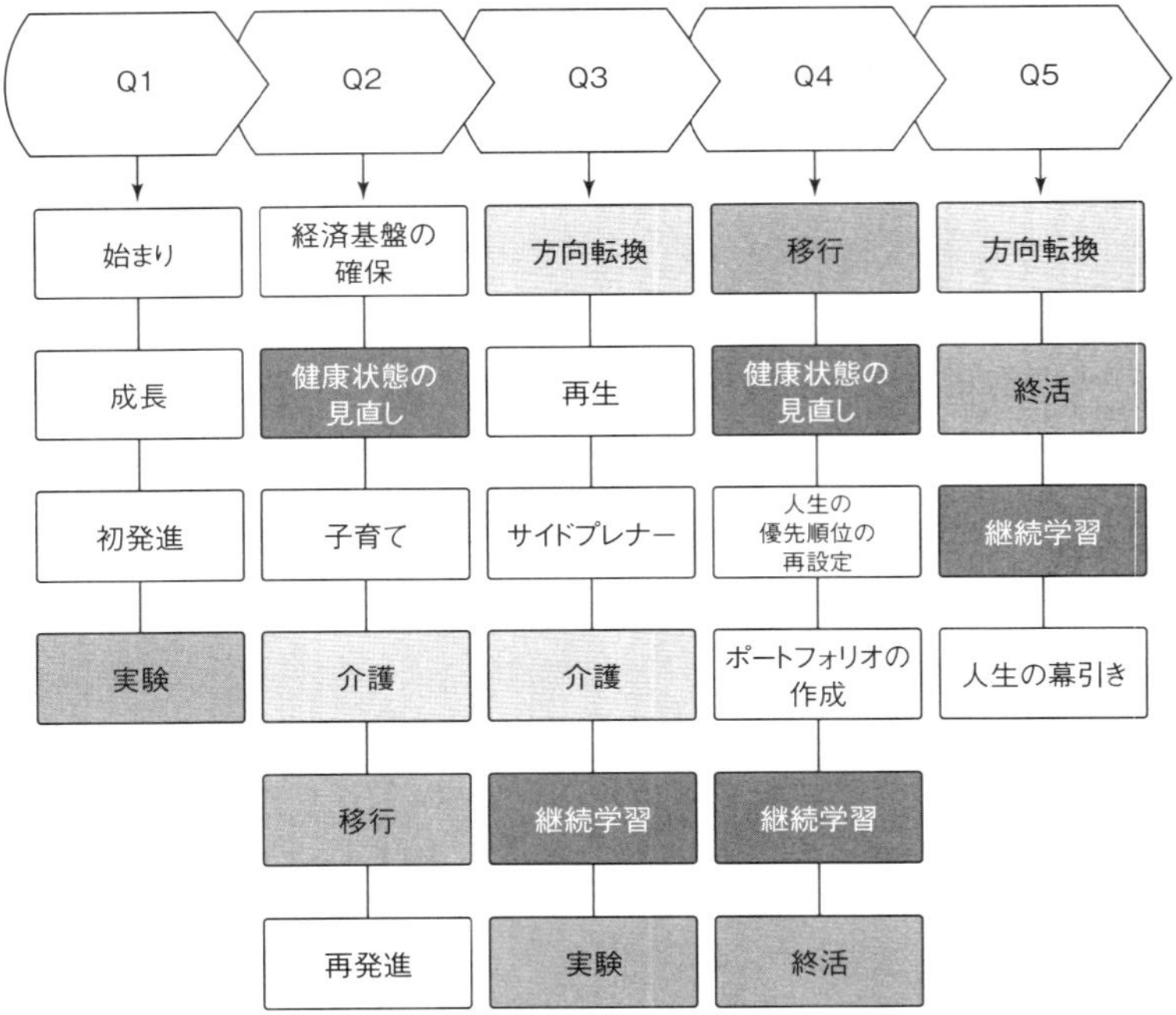

イプな思い込みだ。[8]

若い世代から上の世代に対するエイジズムもあるが、年齢を重ねた当事者が内面化していて、加齢に伴って自分の価値が減衰すると思い込んでいる場合もある。[9] エイジズムの現れ方は職場によってさまざまで、自社のカスタマーの見方にも影響する。シリコンバレーのＩＴ企業では、40歳が時代遅れの年寄り扱いを受けることも多い。

エイジズム対策や年齢の多様性は、なかなか繊細な問題ではあるが、企業やその他団体は近年、そこに取り組みはじめている。ＮＰＯ団体トランスアメリカ・インスティテュートが２０１７年に行った調査では、若い人にとって「高齢者」は60歳前後であり、上の世代が考えるよりずっと年齢が低い。[10] そんなものだろうな、と思うだろうが、このギャップを理解しておくことは重要だとトランスアメリカは警告している。人材の高齢化も進む中で、エイジズムは企業にとって大問題になる。

有害なエイジズムへの対策は、まず言葉から始めよう。年配の人びとに対するイメージを形作っているのは言葉だからだ。エイジズムは特に職場の女性への悪影響が大きい。女性は育児や介護によってキャリアを中断し、年齢やステージが変わってから復職することが多いためだ。昨今は男性でも、仕事上のチャンスや役職にエイジズムが及ぼす影響を恐れず、キャリアを一時中断してから復職する人が増えている。長寿化と介護人材不足の中、仕事人生の中で一度や二度の中断は必要になってくるだろう。

新たな長寿化の時代には、エイジズムを許さない組織文化が必要になる。これは、長寿マーケットに向けた新商品・サービスの開発やマーケティングにおいても必要なマインドセットだ。この新しいマインドセットを獲得するには、今使っている言葉の見直しが必要だ。

「言葉の見直し」を自分の仕事に生かす

本章で紹介した新たなパラダイムを導入すれば、自社の従業員についても、カスタマーについても理解が深まるはずだ。

たとえば、新たな車種を販売する際に、文字盤の字が大きく、乗り降りしやすい「シニア向け」の車だと押し出すのと、より良い機能を求める「ルネッサンス期の大人」向けにステルスに売ることの違いを考えてみよう（ここでいう「ステルス」は、視認性の高い大きなダイヤルや色使いなど、高年齢カスタマーのニーズに即した機能を備えつつ、その対象年齢を明らかにしないことを言う。詳細は5章を参照）。

あるいは、エンドユーザーが一生ずっと使ってくれるような商品・サービスについて考えてみよう。多世代向けの商品・サービスを設計し、プロトタイプ設計時に仕込んだ商品特性はステルスとして、幅広い年代のカスタマーに受け入れられるのが理想的だ。

従業員についても年齢にこだわらず、個々のステージを考慮できれば生産性が上がるのではないか、と考えてみよう。そのためには就業規則を従業員のニーズに合うよう変更する必要があるかもしれない。長く働き続ける従業員の中にも、「育児手当は不要だが、親の介護手当の方が必要だ」という人が年齢を問わず存在する可能性もある。

エイジズムの悪影響は、カスタマーへの視点にも及ぶ。長寿カスタマーの能力やニーズ、欲求について、ステレオタイプな見方をしているせいで悪影響は出ていないだろうか。あるいは、多世代人材登用のメリットを生かせずにいる組織では、エイジズムに凝り固まった製品開発しかできない、というリスクもある。職場でエイジズム対策を行うことは、企業文化の面でも重要であり、何より、長寿カスタマーのニーズとウォンツを適切に理解するために大切なのだ。

長寿カスタマーへのマーケティングでは、これまでと異なる戦略が必要で、新たな課題も出てくる。マルチステージのライフコースを理解すれば、効果的なマーケティングが可能になる。第3章では、長寿カスタマーを理解するためのフレームワークを提供しよう。

提言

- 高年齢の消費者について適切な語彙を使うこと。イノベーターやマーケター、企業のリーダーとして、適切な用語の使用が重要になる。
- 人が若くいられる期間は実際に伸長しており、人生のさまざまな時期に多様なステージが現れることを覚えておこう。
- 高年齢層は、人生の終焉に向かって生きているのではなく、ルネッサンス期（再生の時期）を生きていると考えよう。
- 多世代人材が活躍できる組織をつくろう。これは長寿カスタマーに対するエイジズム的な固定観念の払拭にも効果があり、商品開発やマーケティングの成功につながる。
- 組織からエイジズムをなくそう。これは、企業文化の改善など、多くのメリットがある。何より、長寿カスタマーのニーズとウォンツへの理解が深まり、優れたマーケティングができるのだ。

第3章 ステージでマーケティングする

長寿マーケットをセグメント化する際に、寿命が延びた分の30〜40年を年代で区切るようではダメだ。年齢だけでなく「人口統計上の属性」「事業ドメイン」「ステージ」という3つのレンズを使ってセグメント化を行おう。この3つのレンズを組み合わせると、長寿マーケットが理解しやすく、従来のマーケットとの違いも把握しやすい。たとえば、ユーザーと購買者が異なる場合の意思決定者は誰なのか、商品の特徴をどう伝えるべきなのか、なども複数のレンズで見れば理解しやすくなる。この3セグメントを使って、長寿マーケットの微細なニュアンスを理解し、うまく対応していこう。

Marketing to Stage

寿命と健康寿命が伸長したことで、人生の歩みはより多彩に、複雑になる。木の成長にたとえるならば、高さ1メートルの木の場合、その広がりはしれている。1本の幹から4本の枝が出て、それぞれが3本に分岐し、そこに小枝が数本ずつ生える程度だ。一方、10メートルの樹には何十本も枝が広がり、そこから何百と枝分かれして、何千もの小枝に無数の葉が繁る。人生についても同じだ。寿命が長くなり、健康な期間が何十年も延びれば、人生で経験することも指数関数的に多様化していく。

ここまで複雑になれば何事も整理の仕組みが必要になる。樹木であれば、幹、枝、小枝、葉など、先ほど使ったような用語で整理ができる。加えて、老齢樹、早生種、顕花植物などといった別の観点も用いることで、樹木の複雑なあり方が理解できる。

長寿マーケットについても同様に、確固としたセグメントが必要だ。本章では、セグメントの整理の仕方をいくつか紹介し、それがマーケット理解とビジネスにどのように役立つかを示したい。

長寿マーケットの商機に気づいている企業は、樹木の分類以上に洗練されたセグメンテーションを行おうと取り組んでいる。過去5年間で、長寿マーケットを何十もの領域に細分化しようとした取り組みは、私が知るだけでも10種類以上見つかった。その数は年々増えており、各種セグメントの情報を提供するプラットフォームも誕生している。[1]

とはいえ、このマーケットにセグメントを導入しない企業も依然として少なくない。そもそも人口動態の変化すら理解していない人が多く、企業も同様である。樹木のたとえでいえば、ほとんどの企業は枝や葉を気にせず、ぼんやり木を眺めているだけだ。年齢だけを見て、60歳以上を単一のセグメントに括って終了である。それでセグメントを考慮した戦略を立てたつもりでいるのだ。

このマーケットを狙ったアイデアは良くても、年齢のセグメントだけで戦略を立てたために失敗した事例は多い。「シルバー市場」「グレー市場」などと言って「シニア向け」の商品をつくる。それでは巨木の枝1本しか見ていないようなものだ。

もっと精度の高いアプローチとして、ここではマーケットとカスタマーを分類する3つのセグメントを導入したい。これらを使えば、グループごとの違いがうまく理解できるはずだ。

- 人口統計上の属性
- 事業ドメイン
- ステージ

各セグメントの持つニュアンスを理解したうえで、セグメントとステージを組み合わせられるようになれば、魔法のような効果が得られるはずだ。順にやっていこう。

人口統計上の属性によるセグメンテーション

属性：年齢、身体機能・健康状態、教育、所得、地理的区分、人種・エスニシティ、態度

人口統計上の属性の中でも、年齢は最もわかりやすいが、これは長寿マーケットでカスタマーを捉える際には、何より間違いにつながりやすい。同じ年齢帯なら似たようなニーズだろうと勘違いし、一括りに「高齢者マーケット」として捉えるのは誤りだ。長寿マーケットのカスタマーの場合、人口統計の中で最も重要な属性は、身体機能・健康状態である。そしてもちろん、健康に何より影響を与えるのは教育なのだ。

①年齢

人生100年が標準になった社会では、企業がカスタマーの購買パターン、購買動機、ライフスタイル、ニーズなどを、年齢だけで一括りにするのはやめるべきだ。人口統計上の属性としての年齢だけに囚われず、ステージを組み合わせて考えることが重要だ。

老年学の専門家が出した加齢についての分析を入れ込んでマーケティング計画を策定する人も出てきている。[2] こうした手法でステージに近いことは言えるが、ステージの実像をつかめているわけではない。

・准高齢者あるいは前期高齢者：65〜74歳
・高齢者あるいは中期高齢者：75〜84歳
・超高齢者：85歳以上

この区分は、加齢に従って身体機能・健康状態は直線的に変化すると示すデータに基づいたものだ。だが健康寿命が延びるにつれて、状況はもっと複雑になっている。この区分で健康状態全般が示せる時代ではない。72歳で「超高齢者」状態の人もいるし、75歳で「准高齢者」状態の人もいる。85歳以上の半数以上が「自分はまだまだ元気だ」と思っている。そんな人たちを「超高齢者」と呼ぶのはふさわしくないだろう。

②身体機能と健康状態

人口統計上の属性によるセグメントを微調整するには、健康寿命のどの段階にあるのかを示す軸を追加するのも1つの方法だ。米国老年学会は、身体機能と健康状態を示す5段階のアプローチを発表している。[3]

・Go-go（ゴー・ゴー）：健康状態は極めて良好で、活発であり、行動にほぼ制限がない

- Go-slow（ゴー・スロー）：健康状態は良好だが、制限がいくつかある
- Slow-go（スロー・ゴー）：健康状態は良いが、日常生活にサポートが必要である
- Slow-slow（スロー・スロー）：健康状態はまずまずで、日常生活に制限がある
- No-go（ノー・ゴー）：身体や精神状態に問題があり、特別養護施設や特別サポート施設での高度なケアが必要[4]である

こうした分類法は、金融サービスやファイナンシャル・プランナーがよく用いているので聞いたことがあるかもしれない。クライアントの健康寿命から割り出した活動レベルに応じて資産のポートフォリオを分類する際によく使われている。このアプローチは、大まかな分類としては使えるかもしれないが、長寿マーケットの分析としては、さほど有効とはいえない。身体機能や健康は個人差が非常に大きいし、60歳以上の過半数が自身の健康状態を「良好」、25％は「極めて良好」と評価しているのだから。

③教育

対象集団の教育水準がわかれば、その集団について多くのことがわかる。これは長寿カスタマーについても例外ではない。うまく歳を重ねられるかの、最大の予測因子が教育なのだ。健康寿命は教育と相関があり、当然ながら教育は所得や貯蓄と相関が強く、購買力にも影響する。

教育と健康寿命の影響を生かして、好循環をつくることもできそうだ。新たな長寿化の時代には、さまざまなステージにある長寿カスタマーへの教育機会が開かれ、学びを求める高年齢層が増加し、それが健康の増進や富の拡大に寄与するだろう。

かつては、学びのステージは人生の序盤（学校教育）にほぼ限定されていたが、やがて、働く時期にも学べるようになった（継続学習や成人教育）。今後は生涯、学び続ける時代になり、長寿マーケットとしても教育は大きなビジネスチャンスとなるだろう。

④態度

マーケティングの際には、年齢とは別に、人生の捉え方や死生観の変化に注目してもよいだろう。世代を問わず、老いについては誰もが考えているようだ。ある報告書のデータでは、最も死を恐れるのは20代、老いについて最も考えるのは30代で、70代は逆に老いへの不安が最も少ない。[5] それなのに、旧来のマーケティングでは長寿カスタマーに老化対策の売り込みばかりしてきた。同報告書では、年齢層よりも、歳をとることへの態度の方に注目すべきだとして、「加齢への態度」の5パターンが解説されている。

- エイジレスな冒険家：無限のチャンスと自己成長を求める旅の期間
- コミュニティの世話人：地域社会、身近な人びとと深く関わり、人間関係を豊かにする時間

・成熟する実行者：大人としての責任を担い、成熟するプロセス
・未来を恐れる人：老化に伴うリスクが不安で心配する期間
・若さにすがる人：若さと活力の衰退、喪失の過程[6]

こうした態度は、実際の年齢とは関係ないことに注意したい。第2章に登場した3人であれば、エドワルドは「エイジレスな冒険家」、キムは「成熟する大人」、マリアは「未来を恐れる人」という具合に分類できそうだ。

そういうわけで、さまざまなタイプのいる高年齢層へのマーケティングを行う際には、多彩なイメージを持つことが大事だ。エイジズムに囚われないこと。高齢者の人物像をイメージする際には、衰弱した老人だけでなく、冒険家や実行者の姿も思い描くべきだ。

⑤資産

ここまで述べてきた人口統計上の属性によるセグメントのすべては、所得や資産に影響し、逆に資産も各セグメントに影響を与える。消費支出の53％以上は50代以上によるものだが、一方で高齢者の半数近くは、社会保障なしには貧困に陥る状況だ。長寿カスタマーとマーケットの構成を理解するうえでは、この両面を知っておくことが重要だ。値ごろな商品やサービスを設計することは、戦略策定における第2の軸となるだろう。

さて、これで「60〜69歳」といった年齢層以外の要素も考慮したカスタマー・セグメンテーションが始められそうだ。たとえば、健康状態はゴー・ゴーで、年齢は70歳、教育としてはオンライン学習を受講中、ライフイベント的には孫ができるところ、自分の年齢に違和感のない「成熟する大人」な態度の人、という具合に。

ただし、セグメントの切り方はこれだけではない。

事業ドメインによるセグメンテーション

「60歳以上」などと年齢だけでカスタマーを一括りにせず、もっと詳細に人口統計上の属性を把握することが、まずは重要だ。そこには驚くほどの多様性があることを意識しておきたい。そのうえで、マーケティングでは事業ドメインの検討も必要だ。長寿化でビジネスチャンスのあるドメインを整理しておこう。

言ってしまえば、一般消費者向けのドメインすべてに長寿ビジネスのチャンスはある。医療・健康関連領域はもちろん、教育領域では生涯学習が、文字どおり生涯続くビジネス領域となる（ロングライフ・ラーニングとも呼ばれる）。70代、80代でも働く人が増えている中で、人材領域も長寿ビジネスの重要ドメインに違いない。長い人生を支える貯蓄・投資などの金融領域は、当然ながら長寿ビジネスの巨大ドメインだ。食品や栄養関連のドメインにもビジネスチャンスが豊富だ。住宅領域も長寿マーケットで大きな役割を担うだろう。

さらに、レジャー、旅行、エンターテインメント、ファッションなども挙げられる。どの領域にも必ず大きな穴があり、そこに投資したい企業にとって、長寿化はチャンスだ。これから高年齢層が経験するさまざまなステージには、ビジネスチャンスが溢れている。

長寿ビジネスの事業ドメイン数は年々増えている。というのも、より多様なマルチステージの人生を可能にする、新たなテクノロジーが生まれているからだ。これらの事業ドメインには多数の下位領域（サブドメイン）が存在する。たとえば、介護のドメインでは新製品やサービスが急増中だが、このドメインには、介護にまつわる取引関係者のすべて――介護者、被介護者、医療専門職など――を対象としたサブドメインが内包されている。遠隔診療関連のプロダクトをとっても、被介護者向けの新ＵＸや、医療者向けの安全な決済技術などがある。患者に提供されるハードウェアと、介護者が使用するソフトウェアでは違う。このあたりのサブドメインと問題解決の詳細については第４章で述べる。

こうしたドメインの分類方法はいくつも考案されているが、ここでは８つの「ライフステージの優先事項」と11の「サービス・製品分野」で整理した枠組みを紹介する[7]（表３-１）。

表3-1｜長寿マーケットで狙うべき重要ドメイン

ライフステージの優先事項	サービス・製品分野
家と住まい	不動産・リフォーム
資産の安全	金融業
健康・長寿	交通
介護と家族のこと	医療・健康
生きがい・貢献	食事と栄養
精神性とアイデンティティ	日常生活の介護
学びとつながり	長期介護・認知症ケア
市民生活とコミュニティ	ファッション・服飾小物
	健康増進
	教育・研修
	旅行・メディア・エンターテインメント

（出典）Susan Conley, Inc：Susan Conley, "Longevity Market Map, "Stria News, 2019

ファッションや服飾小物を長寿ドメインに加える発想がない人もあろうが、前章のキムは、活動的な大人世代のためのフィットネスウェアに商機を見出していた。同様に、旅行やエンターテインメントの領域でも、エドワルドと家族のような長寿カスタマーの欲求やニーズに合わせて、商品・サービスの再開発が進むだろう。また、デジタルリテラシーの向上は、サクセスフル・エイジングのためにも、再就職や生涯学習のためにも、ますます重要になる。ここに目をつけたイノベーターや起業家はまだ少ないが、デジタルリテラシー領域のサービス開発が進んでいれば、体調の悪いマリアだってその恩恵にあずかれたことだろう。

　Aging2.0 Collective（エイジング２・０コレクティブ）というグローバルなプラットフォームも、独自にドメインの分類を行っている。重要課題として８大ドメインを設定し、イノベーションに取り組んでいる。[8] 以下に８大ドメインを紹介しよう。どんなサブドメインで事業展開が可能か検討してみてほしい。

①やりがい・生きがい

　意義を感じ、熱意を持って物事に取り組み続けられるためのサポートは、本人の健康のためにも、健やかなコミュニティを育むためにも、非常に重要だ。関連分野として、デジタルデバイド（ＩＴ化による情報格差）、社会的包摂、生涯学習、アンコールキャリア（退職後の働き方）、定年という慣習の解体、ボランティア、自分の生きた証や意義を残す活動（寄付や遺贈なども含め）が挙げられる。

②経済面での健全性

これまでの「仕事・引退」の人生モデルは時代遅れになっている。長寿化に対応した資産形成に関連して、高齢者雇用、介護資金計画も含めた新方式のプランニング、高齢者狙いの悪徳商法や詐欺の防止などが注目領域となる。

③モビリティ（移動と交通）

住宅や地域社会は、そもそも長寿化を前提に設計されていない。そのため安全に移動するのが難しくなり、自立生活や社交の障壁となりがちだ。そこで、生活上の安全、転倒防止も含めた体力づくり、自立生活の支援、移動手段の確保などが重点領域になる。

④日常生活とライフスタイル

65歳以上の3人に2人は、介助なく自由に日常生活を送れる。介助が必要な人向けの商品・サービスだけでなく、それ以外の人向けのビジネス領域にも注目すべきだろう。ライフスタイル関連、やりがいづくり、アクティブな趣味、旅行などが新領域として挙げられる。

⑤介護

介護は、専門職による有償のケア（公的福祉も含む）と家族らによる無償のケアが組み合わさった領域だ。寿命が延びれば当然、介護も増えるだろう。非同居の家族を介護しながら育児や仕事を両立しているケースも多い。重点領域として、介護の効率化につながるツールや情報リソース、介護教習、サポートサービスなどによる介護者支援が挙げられる。

⑥介護コーディネート

高い費用対効果を求めながらも、利用者にとって制約の少ない介護環境を実現したい。重点領域として、必要とされる医療・介護レベルの変化に沿った調整、医療機関や施設の連携、投薬管理、集団を対象とした予防医療や健康管理、遠隔介護などを実現する仕組みやツールの設計が挙げられる。

⑦脳の健康

認知能力と脳の健康の増進は、高齢化社会で認知症や精神疾患が増加する中、優先度の高い領域だ。治療はもちろん、介護者支援の新たなアプローチ、ツール、サービスが求められる。

⑧終末期

人生の最期の時間に、その人らしさが尊重されない状況があまりに多い。尊厳のあるポジティブな最期を迎えるための新技術や連携が重要だろう。

長寿化のレンズを通せば、こうした新たなビジネスチャンスが見えてくる。第4章でより詳しく見ていこう。

これらの事業ドメインとサブドメインを自社の戦略に照らして検討してみよう。どの領域に新たなビジネスチャンスがありそうだろうか？　長寿カスタマーに向けたサブドメインは他にないだろうか？

ステージによるセグメンテーション

ここまで挙げてきたセグメントの観点は、製品開発や事業構想に役立つ。こうした観点を組み合わせてターゲットをセグメント化することで、商品・サービスのプロトタイプを開発し、包括的なマーケティング戦略を生み出せるだろう。とはいえ、100年人生、マルチステージの人生に伴う幅広いニーズを統合するには、もう1つ、セグメンテーションが必要だ。

それがステージだ。カスタマー・セグメンテーションの際にも、年齢ではなくステージ主導で考えるべきだ。人口統計や自社の領域だけに囚われずに、カスタマーはライフコースの「初発進」ステージにあるのか、それとも「方向転換」ステージなのか、などと自問してみよう。「方向転換」ステージにいる2人のカスタマーでも1人は40代、もう1人は70代かもしれない。

市場に即した製品設計とマーケティングをするうえで、カスタマーが異なるステージにいることへの理解は重要だ。さらに今後は、多世代の顧客層に向けて商品やサービスを出すことが増えるだろう。カスタマーの属性が多様であることは強く意識しておきたい。

第2章では、18のステージを紹介し、ステージを「5Q」のフレームワークと組み合わせて使う方法をざっと解説した。ステージを人口統計やドメインと組み合わせることで、長寿マーケットについて、うまく洗練されたセグメンテーションをつくることができる。長寿マーケットの全体図の中で、さまざまな戦略があり得るのだ。

先述のエドワルド、マリア、キムは全員75歳だ。同い年の3人だが、全員が異なるステージにあり、年齢以外の属性は異なるため、カスタマーとなるドメインも違う。

・エドワルド

エドワルドは、将来、夫婦で介護が必要になったときに備えて、すでに地元のリタイアメント・コミュニティに入居予約を入れている。彼の予測では、10年以上先、90代になったら入所が必要になりそうだ。SNSは嫌いであまり使っていない。そんなエドワルドに対して、シニア、シルバー、高齢者としてマーケティングするのは逆効果だ。彼は自分を年寄りだとは思っていない。同年代をターゲットにした商品やサービスの特徴を訴えたところで、エドワルドにとっては人口動態上の分類項目でしかない。高年齢層向けの特徴を備えた製品を届けることは可能だが、そこを強調すべきではない。エドワルドは子や孫たち家族と一緒に旅を続け、冒険し続けたいと思っているのだから。

エドワルドのステージは、「継続学習」と「再生」の2つだ。75歳という年齢ではなく、これらのステージに向けたマーケティングを行えばよい。

たとえば、家族や若いクラスメートと一緒に参加できるような、多世代での旅行や学習体験などは優良ターゲットになる。彼は自転車乗りなので、走行中の視界を保つためのアクセサリーがあれば役に立つだろう。高齢者向けに自転車用アクセサリーや自転車のデザインを展開しているメーカーは現状ほぼ皆無だが、ナイキが高齢アスリート向けに新タイプのスニーカーを開発した事例からインスピレーションを得られるかもしれない(第4章参照)。エドワルドには軽度の難聴があるため、コンサートなどのイベントやレストランでの食事の会話をより楽しめるような商品・サービスがあれば、とても助かるだろう。ただし、シニア向け商品としてマーケティングしても彼には響かない。

エドワルド夫妻へのマーケティングは、「活動的な大人」と「生涯学習者」へのマーケティングと考えるのが良さそうだ。高齢者向けに開発した機能がエドワルドのニーズに合っていても、「年齢に合わせてつくった」と売り込まれるのは、ルネッサンス期を健康に生きる彼にとって嬉しいものではない。

ちなみに米国にはエドワルド的な人が約1600万人おり、その数は増える一方だ。

・マリア

マリアは健康状態が悪く、36歳になる娘のエリンは母の看病に来るために多額の旅費を投じている。エリンは「一緒にいられるのがこれで最後なら、行かなくちゃ」と、かさむ旅費を正当化してきた。たしかにマリアの状態は良くないが、そのまま何年も生きる可能性があるのをエリンは知らない。エリンが自分で介護するために費やした金額でプロを雇った方が、母親にとってもよかったかもしれない。

マリアのステージは、おそらく「終活」なのだが、ここで考えるべきはエリンのステージの方だ。エリンは「介護」「子育て」「経済基盤の確保」という複数のステージにいる。ここでマリアへの売り込みを考えていては商機を逃してしまう。マリアが使う商品・サービスのターゲットはマリア本人ではなく、娘のエリンなのだ。でも、30代のエリンは、医療・介護ビジネスのターゲットになっていない。エリンは年齢的には長寿マーケットとは関係なさそうだが、ステージは「介護」ど真ん中だ。娘／意思決定者／インフルエンサーの役割にあるエレンの存在に気づけたら、企業はエリンに対して商品・サービスを売り込める。具体的には、介護コーディネートのサービスが役立つだろうが、エリンはこうしたサービスを聞いたこともない。

Daughterhood（ドーターフッド）という新しい団体は、高齢者介護における娘や義娘の重要性――介護者、意思決定者、購買責任者としての役割――に着目している。Daughterhoodは、介護関連のニーズや商品・サービスが全国で共有されるプラットフォームをつくり、娘たち、そして最近では息子たちが、親や家族の介護について、より良い情報にアクセスできる仕組みを提供している。

介護領域では、コンシェルジュ型の介護サービスを提供する企業も登場している。コンシェルジュは介護の必要な高齢者やその家族のナビゲーターとして、医療以外の管理業務を行い、退院時の移行サービスも提供している。

マリアと娘のエリンの状況は、米国でよく見られるものだ。女性は男性より寿命が長く、早くして未亡人になりやすい。子どもたちは、仕事と介護の両立ができるケースもあるが、介護期間に経済的な犠牲を払いがちだ。そこで、30代向けの金融サービスが長寿ビジネスとして浮上する。企業がエリンをターゲットとして認識しさえすれば、エリンは母親のために介護ケアの専門家やコンシェルジュなどのサービスを購買するだろう。

・キム

新会社を立ち上げたばかりのキムは、起業家としてすべての意思決定をしながら、孤独を感じることがある。そんなキムには、シニア起業家向けのコワーキング・スペースが役立つだろう（パンデミック直前に増え始めた施設で、その後はバーチャルで運用されているものも多い）。シニア起業家向けのインキュベーション支援も広がっている。

キムは「サイドプレナー」と「実験」の両ステージを生きており、家族の介護で仕事を離れた後にキャリアを再スタートしたため、「方向転換」のステージにも該当する。さらに、仕事を中断していた間に後れをとったＩＴスキルを学ぶため、近いうちに「継続学習」のステージにも進むだろう。そうなれば、デジタルリテラシー教育に力を入れている企業がキムの役に立つ。

このように、キムは複数のステージで多彩なニーズを抱えている、ダイナミックな立場だ。こういう人は世の中に多い。成功したスタートアップの過半数は50歳以上が創設したものだ。そして、55歳以上の層は労働人口として最も急成長している。[9]

ここまで見れば、ステージを重視しつつ、他の要素も加えたセグメンテーションの威力がわかっただろう。もう一例、同じく75歳のカリムを見てみよう。

・カリム

カリムはフランス出身だ。16歳で喫煙を始め、35歳で米国に移住。レストランのウェイターとして長い間働いていた。結婚はしておらず、病気や身体機能の低下が起きても世話をしてくれる身内もいない。持病は関節炎で、運動能力は低下している。老人ホームに入るべきかを悩んでいるが、実際に入る余裕があるのかがまず不安だ。ほとんど毎日家にこもって、テレビを見て新聞を読み、30年間働いていた小さなレストランでの客や従業員との交流を恋しく思い出している。彼は孤独だ。フランスに戻って親戚の家に住もうかと考えることもある。

カリムは「移行」のステージにあり、おそらく「終活」ステージに差し掛かっている。さまざまな商品・サービスへのニーズがあるが、特に社会的孤立の予防が重要だ。現状、話し相手は医者とテレビがもっぱらだが、彼にはコミュニティが必要だ。そのコミュニティを通じてカリムが新しい情報や機会に触れることができれば、「方向転換」のステージに行ける可能性はある。カリムのような人をターゲットにしたビジネスは存在する。自宅まで迎えに行き、社交イベントや運動教室など地域で新しい友達をつくる機会を提供するサービスはすでに存在するのだ。

ここで注目したいのは、カリムのような人にサービスを提供している企業の商売相手は、メディケア・アドバンテージ・プランを提供する保険会社であることだ。つまり、エンドユーザーではない法人がサービスへの支払いをしている。長寿マーケットのビジネス戦略では、この座組みが非常に大きな意味を持つ。

カリムのような人は多く、彼らにサービスを提供すれば連鎖的な効果がある。社会的孤立は、高齢化に伴う医療費高騰の大きな要因となっている。社会的孤立対策の商品・サービスは、人びとに役立つうえに、医療コストの削減にも貢献できるのだ。

「ステージへのマーケティング」を自分の仕事に生かす

見てきたように、長寿マーケットは、米国だけでも毎日1万人以上の新規顧客が誕生している巨大市場だ。ステージの観点で捉えれば、人生100年時代を生きるすべての個人、家族、全業界が、このマーケットと関連している。医療や健康業界だけに限定されたビジネスチャンスではないのだ。

長寿人口の拡大は、あらゆる業界にとってイノベーションへの好機だといえる。たとえば、生涯学習は新市場となるはずだ。人生が長くなる中で、教育や仕事に対する既存のアプローチは変化を迫られる。長く働き続ける人材が増えれば、セカンドキャリアどころか第3、第4のキャリアに向けたリスキリング（学び直し）が必要になる。パンデミック期の新生活習慣の影響もあって、学びのサブスクリプションが新たなマーケティング戦略になるかもしれない。

エンターテインメント、旅行、メディアの領域でも顧客基盤が拡大する。私は最近、あるバイオリン奏者と話をしたのだが、以前は「オーケストラに若者が来なくなった」と嘆いていたのだという。だが、寿命・健康寿命の伸長で、高齢の観客がいつまでもコンサートに通ってくれるため、実際には顧客基盤が拡大していたのだ。長寿化はオーケストラなど演奏団体にとっては、明らかなビジネスチャンスの拡大だった。新型コロナ感染症を受けて、博物館や美術館、その他イベントでの、デジタル会員制度の開発が進んでいる。新たなバーチャル・エンターテインメント、学び、旅行の領域には、明るい未来が広がっている。

長寿ビジネスのカスタマー（高年齢層ではない可能性もある）へのマーケティングを成功させる秘訣は、まずステージについて理解することだ。そして、そのステージを人口統計上の属性と適切に組み合わせて考える。そのうえで、自社が参入したい事業ドメインとサブドメインを明確にすればよい。

スタンフォード大学ビジネススクールで「長寿社会」の授業を私は担当しているのだが、ある受講生が、こう言った。「身体の弱った高齢者の介護というのは、長寿化のほんの一部の側面にすぎないんですね。僕の世代はこれまでになく長く生きるわけだから、65歳定年などの古い制度に固執せず、生涯を通じて変化に適応し続けることが大事だとわかりました[10]」

この学生の言うとおりだ。長寿化のビジネスチャンスは溢れており、長寿カスタマーのあり方は想像をはるかに超えている。今こそ、このチャンスを捉えるべきタイミングなのだ。

提言

- 年齢だけでなくステージで考えること。カスタマーのニーズを理解してセグメント化を行ううえでも、マーケティング施策を決定する際にも、ステージが重要だ。
- 50歳以上、65歳以上、70歳以上などとカスタマーを年齢で一括りにせず、人生100年時代のライフステージの多様性を意識しよう。
- 人生100年時代には、18種ものライフステージが存在し、年齢とは関係なく起こるステージも多い。それを忘れないこと。第2章で述べたように、長寿化時代には人はマルチステージを生きており、人生のフェーズについても新しい捉え方が必要になる。それらを使って、カスタマーを分析し、理解を深めていこう。
- 多世代の顧客基盤に向けたビジネスを目指そう。企業は今後、若年層にも中高年層にも同時にアピールし、複数のライフステージをまたいで選ばれるような製品・サービスの開発、販売を検討する必要が出てくるだろう。

第 2 部

ビジネスチャンスと課題

PART TWO
OPPORTUNITIES AND
CHALLENGES

第4章

長寿ビジネスのチャンスを見つけよう

長寿マーケットは、ほぼ全ドメインの製品・サービスに関わっている。教育、フィンテック、ファッションや衣料品、食品と栄養補助、レジャー、旅行、娯楽、住まい、介護など、それぞれが多くのサブドメインを抱える巨大なマーケットばかりだ。異世代ルームシェア、デジタルリテラシー教育、遠隔医療といったイノベーションや新たなテクノロジーの出現により、ドメインもサブドメインも年々広がっていく。どの企業も、拡大する新たなビジネスチャンスをつかむために、ドメインやサブドメインを明確化して長寿マーケット戦略を策定すべきだろう。

Finding Your Longevity Opportunity

先日、毎年開催される最大級の保健・医療領域のカンファレンスがあり、そこで某金融関連企業が医療業界の女性向けのレセプションを開いた。ベンチャーキャピタル、銀行、資産管理企業などの経営層の女性200人以上が参加していた。主催企業は、キャリアを中断した女性を支援するリターンシップ・プログラムなど、女性の活躍する機会の支援でよく知られており、CEOは卓越したリーダーとして金融界はもちろん各方面で尊敬を集めている。そんな彼に質問が出た。「今晩ここにお集まりの女性リーダーも、御社の従業員やクライアントの多くも、今後は100歳以上生きるようになります。人生100年時代、これまでと違うさまざまな影響が女性にあると思いますが、貴社の長寿社会戦略をお聞かせください」。CEOは一瞬口をつぐんで、「うちにはありません。とても良い質問ですね」と言った。

自社や業界の女性活躍を推進して尊敬を集めてきた事情通の経営者でさえ、長寿時代の戦略は描けていないのだ。さほど先進的でない企業では手つかずだろう。だが、こうした戦略は今や必須である。事業戦略としても起業するうえでも、もう無視はできない。長寿化と人生のステージの多様化を、自社の製品やサービス、人材に反映していく必要がある。

長寿マーケット戦略には大きく分けて2種類ある。企業が自社商品・サービスのポートフォリオに長寿マーケットを組み込む「企業戦略の拡大」と、このマーケットのドメインに新たに参入する「起業家戦略」だ。

長寿戦略の策定にあたっては、第2章で述べたセグメンテーション、ドメイン、サブドメインが重要だ。それぞれの領域に独自の課題があり、問題解決が求められている。たとえば、長寿化の実態に合ったファイナンシャル・プランニングのニーズに対応しようとする場合、そのドメインは想定より広い範囲に広がっており、カスタマーのステージも多様だ。「人生の幕引き」ステージに向けたサービスなのか、「方向転換」ステージが対象なのか。カスタマーの健康状態や活動状態はどうだろうか。このドメインに含まれるカスタマーの属性があまりに多岐にわたるため、対象が広すぎて製品・サービスの開発に苦労するかもしれない。

そうではなく、1つのセグメント、1つのステージについて検討するところから始めれば、戦略が明確になり、完成形も見えやすい。たとえば、「再生」のステージにいる女性について考えてみよう。統計上、女性は男性より寿命が長く、平均所得は低く、投資ではリスク回避傾向が強い。また「再生」ステージの女性は、新たな目標ややりがいに投資する傾向が強いことも既知の事実だ。このように視点を絞れば、戦略立案がうまくいく。

ここから長寿マーケット戦略のさまざまなドメイン、サブドメインを見ていくが、意識してほしいのが、一見、カスタマーが明確でシンプルに思えても、実態は複雑なケースが多いことだ。購入者（支払い元）と利用者が異なる場合もある。この点では長寿マーケットは、子ども向け商材のターゲットは親だという構造と共通している。

長寿化の戦略策定のベストプラクティスはすでに生まれている。以下の4つの観点で、ベストプラクティスを、事例で見ていこう。

【1】自社戦略の再定義……年齢ではなくステージで捉えて、長寿マーケットを網羅した戦略を再設定する。

【2】従来とは違う新戦略……自宅・地元で歳を重ねたい、というエイジング・イン・プレイスに関連した新たなニーズの広がりに対応し、新戦略を策定する。

【3】介護経済……巨大かつ複雑な成長領域である介護マーケットを分析し、戦略を策定する。

【4】意外な領域の急成長……まだ顕在化していないものも含めて、長寿化で生まれる新マーケットと人材活用の戦略を策定する。

事例を検討する際には、前章で説明したドメイン、サブドメイン、ステージについても確認していく。各企業のベスト・プラクティスも紹介するので、参考にしてほしい。

なお、掲載企業の情報が本書の発行以降に変わっている可能性はある。長寿マーケットの急成長に伴って企業の吸収合併なども活発に起きるだろうし、事業のピボットやカスタマー獲得戦略の変更もあり得る。この点についてはあらかじめおことわりしておくが、それでも、以下の事例は、長寿マーケットを理解する枠組みとして有効だし、参入に向けて役立つはずだ。

【1】自社戦略の再定義

長寿化戦略のない企業が、そのビジネスチャンスの潤沢さと収益性を知れば驚くことだろう。もっと早く長寿戦略を検討すればよかった、と経営者は思うはずだ。長寿マーケットは活発に変化し続けている。本書執筆中にも、事例として調査した企業が大きな変化を遂げ、無数の新規参入企業がさまざまなニーズに対応してマーケットの一角を争っている。

ここからは、メリルリンチ、ナイキ、ワービー・パーカーの3社の事例を通じて、どのように長寿化を自社戦略に組み込んだかを見ていこう。

事例1　クライアントの「100年人生」をプランニングするメリルリンチ

金融サービス業は、長寿化のビジネスチャンスに最初期に気づいた業界の1つだ。ユーザーが長生きするようになり、延びた寿命分の生活を支える資産が必要となったためだ。残念なことだが、50歳以上の過半数が「老後の生活を支える資金が足りない」と回答している。こうした経済的不安は大きな国民的課題であり、今後、大きな財政課題にならないよう、国民に行動の変化を呼びかける必要がある。業界としても、クライアントが長寿に備える意識を持つようになれば、優先順位の判断や資産運用のニーズが生まれ、事業成長の強い牽引力となるだろう。

フィデリティ証券、メリルリンチ（現バンク・オブ・アメリカ・メリルリンチ）、プルデンシャル証券などは、長寿化に伴う機会と課題を理解するために多大な投資を行ってきた。メリルリンチは業界に先駆けて事業戦略と人材戦略に長寿化を織り込み、従業員の長寿化に即した福利厚生を整備している。

メリルリンチは、クライアントの高齢化を不安視するのではなく、積極的に長寿化を事業のコア要素として戦略を策定した。この判断は理にかなっている。富の80％以上は65歳以上の管理下にあるのだから。[1]

同社はまず、「人生の優先事項7」プログラムを開発した。このプログラムでは、退職や引退のプランニングを、単なる資産面での健全性だけでなく、資産、住宅、健康、家族、趣味やレジャー、寄付、仕事の7分野にまで拡張してプランニングを行っている。[2] プログラムに参加するクライアントは、ポートフォリオにアクセスして、資産についてアドバイスを受けるだけではない。診断ツールを使って、自分の人生のステージを判断し、7分野に優先順位をつける。この優先順位づけをもとに定期的にポートフォリオの見直しが行われる仕組みだ。

この事例で注目すべきは、メリルリンチがクライアントに自分はどのステージにいるかを尋ねている点だ。そんなふうに考えたことのない人にも検討を迫る。長寿マーケティングでは、自社カスタマーがどのステージにいるかを調査して、それを踏まえてターゲット設定を考えるのも良い方法だ。

メリルリンチは2014年、現場スタッフがクライアントを理解できるよう、金融業界で初めて老年学の専門家を採用した。提案の質はアドバイザーが顧客のステージを理解できているかにかかっているので、メリルリンチの1万4000人のファイナンシャル・アドバイザーは老年学の専門家による研修・教育を受け、ライフプラン、長寿化、加齢、退職などについてクライアントに役立つ提案ができるスキルを習得した。この研修では、「80歳以上の人はこうすべき」などと年齢をもとにアドバイスをしないよう徹底されている。資産計画には、年齢よりステージが重要なのだ。

メリルリンチは、アドバイザーが資産上の優先順位を設定するために、クライアントの主要ライフステージを6つ設定し、各ステージのニーズを理解するためのマップを独自に作成した。6つのステージは「成人期初期」「育児期」「介護期」「退職期」「おひとり期」「終末期・レガシー期」である。6つのステージには、それぞれに重大イベントもあれば、資産上の懸念もある、異なる旅路だとメリルリンチは考えている。

人生の優先順位とステージを統合することで、メリルリンチはより具体的な資産計画のツールと金融商品を開発できるようになった。さらに同社は、その新戦略とフレームワークを自社の人事制度にも適用した。柔軟なキャリア制度や就業時間規定、介護支援、定年後の継続就労などが、従業員の要望を踏まえて実現されたのだ。2021年には従業員向けの新しい高齢者ケア給付を導入した。家族の高齢者介護の調整を支援するサービスや、終末期・レガシー期の家族を介護するための有給家族休暇などの福利厚生を充実させたのだ。

- 企業名：バンク・オブ・アメリカ・メリルリンチ
- ドメイン：金融サービス
- サブドメイン：女性投資家と金融リテラシー、金融搾取と高齢者虐待の防止
- 市場規模：7〜8兆ドル
- 対象ステージ：初発進から人生の幕引きまで、全18ステージ
- ベストプラクティス：新商品設計に向けた金融老年学の専門家の採用。従業員とクライアント向け研修の導入。経営層が取り組みを会社を挙げて支援している点。従業員への介護手当の実施

メリルリンチのライフステージ・モデルも参考にはなるが、本書のステージの方が網羅性が高く、ステージのマップも本書の方が詳細まで行き届いている。たとえば第2章で出てきたエドワルドとキムは定年退職しておらず、パートナーに先立たれてもいない。マリアの娘エリンは「介護期」と「成人期初期」の両ステージにいる。エドワルドはメリルリンチのどのステージにも該当しない。そうした限界はあるものの、メリルリンチの複合的なアプローチを用いれ

ば、エドワルド、キム、エリンは、自分の人生の優先順位と資産上のステージの両方を考慮したうえで、資産面でやるべきことを把握しやすくなるだろう。

金融サービス業は、「年齢よりもステージ」の発想をマーケティングや商品開発戦略にいち早く取り入れた業界だ。さらに多様なサブドメインへの理解も早かった。ファイナンシャル・アドバイザーを対象とした最近の調査では、29％が長寿化を、自社が影響を受ける最大のマクロトレンドだと認識していた。そのうち44％は、今後10年でクライアントの寿命が延びることで事業に大きな影響が出ると予想しており、長い生涯を通じてクライアントの資産を維持するのは難しい課題になると考えている。[3]

長寿高齢化は引き続き、金融業界にとっての重大トレンドであり、資産管理や金融商品の戦略は、このトレンドを踏まえて設計されるだろう。貯蓄や予算管理用アプリなどを中心に、ベンチャー企業もこの領域に参入している。[4]

［サブドメイン］女性向けの投資商品と金融リテラシー

「長寿化を理解することで、クライアントにより良いサービスを提供できるようになりました」とメリルリンチ・ウェルス・マネジメントのアンディ・シーグ社長は述べる。[5] 同社がカスタマーや商品について長寿化の視点で考えたとき、「人生後半を生きるうえで何が必要か」よりも「幸福や満足を増す要因は何か」が重要だったという。

長寿マーケットへの理解に注力した同社は、さらに多くのサブドメインやセグメンテーションでビジネスチャンスを発見していった。２０１８年、メリルリンチは、現状の定年までの男女の資産格差は１００万ドルに上ると発表した。この格差の要因は３つ、男女の賃金格差、女性に多い育児や介護によるキャリア中断、平均寿命の男女差である。[6] 質的・量的調査から、メリルリンチは、多くの女性がもっと投資をすればよかったと後悔していることに気づき、同社のサブドメインである金融リテラシー領域で、女性専用のツールを開発し、長く複雑な人生に備えるサポートを始めた。女性投資家向けの金融教育は、同社の戦略の一翼を担っている。

［サブドメイン］金融搾取と高齢者虐待の防止

悲しいことだが、人生の幕引きステージに関連した成長マーケットとして、高齢者への金融虐待対策がある。「終活」や「人生の幕引き」ステージの高齢者を食い物にするというと、セールスマンなど赤の他人を想像しがちだが、実は、身近な家族による経済的搾取の方が多い。弱い立場の高齢者や信用しやすい親族が搾取され、家庭が破壊するのを目の当たりにした経験は私にもある。

被害総額の推計はさまざまだが、こうした搾取や詐欺被害は毎年少なくとも90億ドル、多ければ３００億ドルに上る。事件の約98％は公表されておらず、高齢者保護局や警察に通報があるのはわずか44人に1人という状況だ。

この問題を理解するために、2つの重要な定義を見ておきたい。

米国国立傷害予防管理センターによる、「経済的虐待・搾取」の定義を見てみよう。「高齢者本人以外の利益のために、介護者または信頼関係にある他人が、高齢者の資源を違法、無許可、または不適切に使用すること。これには、個人的な利益、資源、持ち物、資産への正当なアクセスや情報の取得、利用の手段を高齢者から奪うことを含む。具体的には、金銭や所有物の偽造、悪用、窃盗、金銭や財産を引き渡すための強要や欺瞞的行為、後見人や委任状の不適切な使用などである」[7]

米国法曹協会と、全米法律と高齢者の権利センターは、「不当な影響力」とは「役割や権力を利用して、他者の信頼や依存、恐怖を搾取すること。手にした権力で、相手の意思決定に不当な影響力を持つこと」と定義している。[8]

金融機関は司法と詐欺対策に取り組んでいるが、この手の特殊詐欺は被害者が死亡するまで発見されないことも多いので、そのリスク要因について家族や介護者が学ぶ機会をいろいろと設ける必要がある。高齢者の詐欺予防としては、書面で事前指示書や代理委任状を作成するなど、情報をわかりやすく明確化しておくことが大切だ。安易にビジネスチャンスだとは言いづらい問題だが、虐待のターゲットにされる高齢者や、その周りの人たちも助かるような商品・サービスへのニーズは本当に大きい。

「介護としての財産管理」とも呼ぶべき新たなサブドメインでは、True Link(トゥルーリンク）、Everplans（エバープランズ）、Silver Bills（シルバービルズ）、Golden（ゴールデン）、Eversafe（エバーセーフ）、FreeWill（フリーウィル）など、多くの中小企業が台頭している。こうした企業のサービスには、光熱費の支払いなどの金銭管理を高齢者に代行し、他人が資産にアクセスできないようにするものもある。あるいは、定期的に入金されるプリペイド式のデビットカードを渡すことで、一度に使える金額を制御し、資産の流出を防ぐサービスもある。

事例2　高齢アスリートを発見したナイキ

企業の戦略は、18歳から34歳の層ばかりを狙いがちだ。かつてのナイキもそうだった。スポーツシューズとアパレル販売で世界一となり、370億ドルの帝国を築いたナイキも以前は、主にこの層に向けて商売をしていた。

2019年、ナイキは、高年齢層アスリートのニーズに対応する戦略の拡大を決定した。この層は同社の売り上げの10％を占め、他の層よりも購入単価が高い。ただし、同社は高齢者向けのスニーカーではなく、「年齢を重ねるアスリート」のためのスニーカーを作ろうと決めた。カテゴリー・プロダクト担当役員（当時）のマイク・スピレインは、ナイキの長寿カスタマー像を理解するための作業に着手した。ターゲットは現役ランナーだ。競技大会にも出続けており、今では「スローランナー」になってきた人である。スピレインは、多くの高齢者が健康のためにウォーキングをしていることも知っていた（米国では健康のためのウォーキング人口は1億1000万以上、ジョギング人口は6000万とされている）が、それでもナイキは「ウォーキングをする高齢者」をターゲットにはしなかった。狙いはあくまで、「ウォーキングをする高年齢のアスリート」である。スピレインは、ナイキが長年培ってきた商品へのロイヤリティを、「自分はまだまだアスリートだ」と考えている人たちから獲得する方法を見つけようとしていた。ナイキが目指したのは、「永遠のアスリート」「アスリートであり続ける人」を取り込むことだった。[9]

ナイキは新しいスニーカー、クルーザーワン（CruzrOne）の設計を始めた。ナイキ創設者フィル・ナイトを念頭に置いた特別デザインだ。フィル自身が「アスリートであり続ける人」のステージにいるカスタマーであり、彼との会話から、スニーカーデザインのレジェンド、ティンカー・ハットフィールドがデザインした。1キロ8分ペースかそれ以上の「スローランナー」をターゲットとして、ヒール、ミッドソール、前足部を再設計し、着地時の体重がかかとの後方にかかるようにして前転運動を促すことで、ゆっくり走り続けやすい構造にした。

このように設計したものの、ナイキはメッセージとして、具体的な特徴や、購入者であるスローランナーの分析については強調しなかった。ナイキのマーケティングは「アスリートであり続ける人」というステージに焦点を当てた。自分にサポートが必要だとは思っていないが、サポート機能のある製品は高く評価するであろう人に向けて商品を開発したのだ。

クルーザーワンは試験的にオンライン限定で1足150ドルで販売された。現在は別部門を立てず、ナイキブランドとして販売されている。「アスリートであり続ける人」を理解し、マーケティングを開始したナイキは、自社戦略を進化させ続けた。2020年7月、ナイキは消費者セグメントをシンプルにした。メン、ウィメン、キッズの3カテゴリーだ。スピレインは、この3部門を統括するコンシューマー・クリエーションの責任者に就任した。メン、ウィメンのカテゴリーでは、「アスリートであり続ける人」を全生涯に広げた戦略に取り込んでいる。「永遠のアスリート」マーケットの拡大は著しく、これから20年ほどでカスタマーの3分の1がこのカテゴリーに入ると予測しているためだ。高年齢の消費者は商品へのロイヤリティが高いとされており、ナイキはそれを獲得するために動いたのだ。

ナイキの勝因は、対象マーケットを広くとら**ない**ことだった。「ウォーキング人口」や「おしゃれな人」を広く狙おうとはせず、特定のステージ、特定のサブドメインに焦点を絞っていた。「高齢者がシューズに求める要素はこれだ」などという思い込みや偏見に囚われることもなく、カスタマーが自己をどのように定義しているかに耳を傾け、それを生かして戦略を実装した。「その消費者になる必要はないが、理解する必要はある」とスピレインは言う。「しっかり声を聴くことは、良いマーケティングの本質だね」

ナイキは現在、スポーツの定義とアスリートの定義を広げ、「スポーツ・フォーエバー」「アスリート・フォーエバー」のテーマを盛り込み、さらに高年齢層が活発でいられるための施策にも着手している。同社は、ダンスやヨガをスポーツとして捉えるなど、将来のフィットネスをめぐる商品戦略を深化させ、この層に向けたアパレル戦略を展開している。同社はまた、アクティブなライフスタイルを通じて人びとの健康寿命を延ばすサポートに関する保健・医療領域の政策議論に積極的に貢献していきたいと考えている。

- 企業名：ナイキ
- ドメイン：フィットネス、アパレル
- サブドメイン：「アスリートであり続ける人」
- 市場規模：40億ドルを超えて成長中のシューズ市場
- 対象ステージ：方向転換、再生、健康状態の見直し
- ベストプラクティス：高年齢層向けのマーケティングを行わず、コアターゲットであるアスリートに向けて商品を販売したこと。若年層ターゲット戦略を超えて、アスリートから長期のロイヤリティを獲得した点。特定のステージとセグメントに絞ったこと

事例3　「おしゃれな若者ブランド」を乗り超えたワービー・パーカー

アイウェアのD2C（ダイレクト・トゥ・コンシューマー）企業、ワービー・パーカーは、当

時の社会貢献型ベンチャーでよく見られた「1つ売れたら1つ寄付」を掲げて、2010年2月に創業した。創業当初、共同設立者のニール・ブルメンタールとデイヴ・ギルボアは、マーケティングの王道である18歳から34歳の層をターゲットにして、単焦点の度付きレンズを手頃な価格で提供した。500ドル相当の商品を95ドルで売るのが同社の基本路線で、品揃えを絞ることで低価格を実現した。一般的な眼鏡店では1000SKU（商品単位）を扱っているが、ブルメンタールによると、同社は3色×30デザインの90SKUで事業を始めたという。[10]

2年目にはサングラスと度付きサングラスを商品ラインナップに追加し、3年目には異素材の新フレームを加えた。

創業から4年、ECからリアル店舗へ進出する際に、ワービー・パーカーは累進レンズの販売に踏み切った。累進レンズとは、1枚に複数の焦点があるレンズで、上部と下部に異なる度数が入ったものだ。上で遠景を見て、下で手元の本を読むなど、遠近両用に使える。年齢が上がると2つ以上の眼鏡を使い分けている人が多いが、その不便を累進レンズは解消してくれる。

同社はすぐに、累進レンズ市場は非常に大きいと気づいた。米国のアイウェア市場の50％以上を累進レンズが占めており、平均価格は500ドルだった。

創業以来3年、流行に敏感な若者のブランドとして運営してきた同社は、4年目にして長寿マーケットに踏み出した。とりわけ、ユーザーが初めて累進レンズを作るタイミングが商機になると考えた。そこで、長寿カスタマーが来店なしでオンラインの視力測定ができる仕組みを開発した。また、今の処方が合っているのか、処方の更新前にチェックできるアプリも開発しており、これは米国では65歳以上には未承認だが、認可が下り次第、提供できるよう準備してある。同社は、ＥＣでもリアル店舗でも、新たなカスタマー層に良い購買体験をしてもらえるよう尽力した。

もう1点、ワービー・パーカーが重視したのは、年代層に合わせて眼鏡をデザインしないことだった。流行りのフレーム、売れている型番にそのまま累進レンズをはめた。若者だけでなく、さまざまなステージの人がおしゃれな眼鏡を欲しがっているとわかったためだ。累進レンズへの切り替えの際には特にこのアプローチがベストだと同社は考えた。切り替える年齢も人によって異なるわけだし。

同社の全体戦略である「低価格」は、このマーケットでも貫く必要があった。長寿マーケットやヘルスケア市場のＢ２Ｃビジネスでは顧客獲得コストが高くなりがちだが、ワービー・パーカーは、テレビＣＭを絞って投下したりFacebook広告を使って、累進レンズへ切り替える人に効率よくリーチした。こうして、累進レンズの眼鏡を平均２９５ドルで販売できたのだ。

このマーケットを取り込むためには、広告戦略にも細かい変更が必要だった。たとえば、広告に中高年のモデルを加えることがある。広告モデルの年齢のダイバーシティは、現在の広告業界全般の課題の１つだ、とブルメンタールは主張している。[11]

長寿マーケットへのピボットは大成功を収めた。今や、ワービー・パーカーは流行に敏感な若者だけに縛られない、多世代向けの製品を提供する企業だと自認している。２０１４年から２０１９年で１００万本以上の累進レンズ付き眼鏡が販売され、現在では同社の売り上げの約30%が累進レンズとなっている。

遠隔診療が承認され、保険適用化でその利用が増加する中、ワービー・パーカーは自社の長寿マーケット戦略を見出した。若者向けブランドとして人気を得ながら、ブランドの対象を高年齢層まで広げ、さまざまなニーズに対応した製品を提供している。同社の現在の目標は、何十年も同ブランドを愛用してくれるカスタマーを幅広い年齢層で獲得することだ。

- 企業名：ワービー・パーカー
- ドメイン：アイウェア
- サブドメイン：累進レンズ
- 市場規模：１００～１５０億ドル（米国）
- 対象ステージ：移行、ポートフォリオの作成、再生、サイドプレナー、終活など
- ベストプラクティス：多世代向けマーケティング・キャンペーンの展開。長寿カスタマーに合わせた価格戦略。長寿カスタマーが使えるＩＴポータルの強化

メリルリンチ、ナイキ、ワービー・パーカーが成功した理由

これらの事例を一歩引いて眺めてみると、共通項がわかってくる。共通するアプローチは、あなた自身の事業ドメインやサブドメインで役に立つはずだ。

まずは焦点を絞ること。大々的に幅広く事業展開をした企業は皆無だ。たとえばナイキは、一定年齢以上のスニーカーを履く人全員をターゲットにはしていない。その方が、サブドメインとしてターゲットに設定した「アスリートであり続ける人」よりも人数はずっと多いのだが、年齢層でターゲットを決めたマーケティングはうまくいかない。同じ年代でも、ステージがあまりに多様だからだ。

メリルリンチのように、一旦マーケティングのサブドメインを絞り込んでから、長寿戦略を多くの商品、多くのステージへと拡張する方式をとる企業も多い。メリルリンチは、再生ステージの女性という特定のセグメントに絞ったことで、資産計画というサブドメインの戦略を打ち出せたのだ。

第2に、商品やサービスを長寿カスタマー向けに設計しても、必ずしもその特徴を売りにしないことだ。ワービー・パーカーは、これまでのカスタマーとはまったく違う層向けの別商品として累進レンズを売らなかった。流行感度の高い若者御用達のスタイリッシュな商品に、長寿マーケットでニーズの高いレンズがついた、という立て付けだ。ナイキも、あくまでターゲットはアスリートであり、そのアスリートがたまたま特定のステージにいる、という考えだ。

３つめ。長寿マーケットだからＩＴ技術は控えめに、とはならない。年齢層とデジタルの相性についての思い込みは、長寿マーケット最大の誤解である。長寿カスタマーはデジタルに疎いという偏見は捨てて、カスタマーに役立つようなテクノロジーの活用を心がけたい。もちろん、よりシンプルなものを求める傾向などはあるだろうが、テクノロジー自体は使うはずだ。

最後に、長寿マーケットを調査、開拓した企業の多くは、その方針を自組織にも応用して企業としての価値を高めていることに注目したい。メリルリンチが従業員に介護手当などの福利厚生を実施したのが好例だ。

企業にとって、長寿マーケットで最も難しいのは参入の意思決定であり、たいてい、その後は驚くほどうまくいく。「年齢よりステージ」を重視して取り組めば、可能性は開けるはずだ。

【2】従来とは違う新戦略

ここまでの事例のように、自社のドメイン内でビジネスチャンスを見つけるのも良い出発点だが、一方で、寿命と健康寿命の延伸によって、思いもよらないような新しいビジネスチャンスも生まれている。長寿人生をどこで暮らしたいか、という欲求の変化から新たなドメインが生成され、このドメインの周辺で重要な新戦略が生み出されている。高齢になったらサービス付き高齢者住宅や介護施設、老人ホームに移るのではなく、自宅で歳をとりたいという回答が、米国では90％を超えている。健康で長生きする人口が増えるのだから、慣れ親しんだ場所で過ごしたい長寿カスタマーの数も大幅に増加するはずだ。

［ドメイン］エイジング・イン・プレイス

「エイジング・イン・プレイス」とは、自宅・地域で年齢を重ねる生き方に関するドメインだ。この成長可能性の高いドメインには、ざっと挙げるだけでも25以上のサブドメインがあり、市場規模は７５００億ドルと計算されている。サブドメインには、住宅、社会的孤立、交通・移動、ウェルネス・フィットネス、住宅改修などがある。

後述するように、これらの多くは重複しており、明確に区別できないものも多い。たとえば住宅の改築だ。高齢者が住み慣れた場所で暮らすためのリフォーム、あるいは新築時に高齢でも住み続けられる設計を行うことは、大きなビジネスチャンスだ。米国には65万人以上の住宅改修業者がいるが、エイジング・イン・プレイスの認定を受けているのはそのうちの１％にも満たない[12]。建築・設計のサブドメインは、住まいのスマート化を開発しているＩＴ企業と重なるだろう。ＩＴ系のサブドメインでは、長寿化に合わせたＵＸ開発や安全監視サービスなどが新たなビジネスチャンスとして浮上している。住み慣れた自宅で暮らし続けるためには、キッチン家電領域のＩＴ化も期待される。こうした領域やサブドメインを「エイジテック」という語で総称している業界もある。

テクノロジーがエイジング・イン・プレイスのあり方を変えるのは明らかで、事実上、他のあらゆるドメイン・サブドメインもＩＴ技術の影響で変化する。とはいえ、そのセグメントを具体的に理解しておく必要はあるだろう。

エイジング・イン・プレイス関連で、エイジテックを戦略に組み込んだサブドメインとして、社会的孤立、住まいの選択肢、交通・モビリティ・遠隔医療、デジタルヘルス、ウェルネス・フィットネス、リフォームについて見ていこう。

［サブドメイン］社会的孤立

社会的孤立は、1日15本のタバコと同程度に健康に有害で、これは肥満を上回る健康リスクとされている。[13] 社会とのつながりを、本人が望むほど実感できないとき、人は孤独を感じる。

２０１７年、米国の公衆衛生局長官ヴィヴェック・マーシーは孤独を「公衆衛生上の疫病」だと述べた。[14] その1年後には、イギリスで「孤独担当大臣」が任命されている。一人暮らしの高齢者は、とりわけ孤独のリスクが高くなる。社会的つながりのある人と比べて、生活習慣が不健康になり、退院後の再入院率も高い。

社会的孤立はエイジング・イン・プレイスの落とし穴だ。できる限り住み慣れた場所で歳を重ねるのは健康的な生き方だが、その一方で、介護施設や高齢者コミュニティに入居していれば得られたであろう、人とのつながりや社交の機会を失っているとも言える。こうしたエイジング・イン・プレイスでの社会的孤立を解消すべく、社会的なつながりを再構築しようという企業も登場している。

起業家2人がつくったWider Circle（ワイダー・サークル）は、近所に住む10〜12人が集まって運動や社交を行い、ウェルビーイングを高めるための団体だ。研修を受けたファシリテーターとメンバーの中の世話役が定期的な集会や行楽を引率し、送迎の手配も行う。[15] 参加者個人には費用負担が発生しない。この事業はメディケア・アドバンテージ・プランが適用されるので、会費は民間の保険会社から支払われる。

当初、同社が目指したのは、入院率を下げてメディケアの費用を削減することで、これは達成できている。会員は、非会員と比較して入院回数が27％減少、入院日数も43％短縮した。毎年の健康診断の受診率も12％改善し、インフルエンザの予防接種回数も32％増加している。

さらに、このプログラムは、メディケア・アドバンテージ・プランの加入促進にも効果があった。共同設立者のダリン・バクスバウムが言うには、会員からの信頼が厚いため、更新率も高く、口コミでの新規加入も好調とのことだ。[16] 信頼は、長寿世代マーケティングの成功を左右する重大要素なのだ。

Wider Circleは、社会的孤立の解消に効果的であり、その点では正しかったが、当初の戦略を支えていた仮説自体は完璧ではなかったようだ。コロナ禍では対面での活動や集会ができなくなるという新たな困難にぶつかり、同社は代替手段としてオンライン機能を開発した。また、世話役が会員の様子をチェックするプログラムを開始し、Uber（ウーバー）と提携して在宅の高齢者に食事を配達した。同社は4つの新プログラムを設け、カリフォルニアからジョージアやミシガンまでサービスを拡大した結果、売り上げは1カ月で倍増した。

Wider Circleにとっての転機は、教室や社交イベントを提供することがこの事業の価値ではないと気づいたことだ。同社の価値は、「生きがい、やりがいを強く持ってもらうこと」だったのだ。フィリップ・ピッツォの「長寿の処方箋」でも、生きがいを持つことは、幸福に天寿を全うする「サクセスフル・エイジング」の決定要因とされている。[17] 高齢者の生きがい・やりがいのサポートなら、対面に限らず、オンラインなど、さまざまな方法で可能だ。

こうしたスタートアップにとって、メディケア・アドバンテージ・プランは、自社の新たなカスタマーであるうえに、製品・サービスの流通チャネルとしても有効だ。ここに気づいた企業が他にも出てきている。エンドユーザーと購買者が異なるので相応のマーケティングが必要だが、筋のいい収益モデルではある。メディケア・アドバンテージ関連の詳細は、第5章、第6章で述べる予定だ。

- 企業名：Wider Circle（ワイダー・サークル）
- ドメイン：エイジング・イン・プレイス

・サブドメイン：社会的孤立（健康状態に影響する社会的要因の解決）
・市場規模：70億ドル。高齢者の3分の1は孤独を感じ、25％は社会的孤立状態にある。これは全米で5000万人以上の健康状態に関わる問題で、医療費などにも影響する
・対象ステージ：移行から終活まで
・ベストプラクティス：メディケア・アドバンテージ・プランにサービスを販売し、加入者に向けて「ケアの輪」をつくって、コミュニティ化したこと

［サブドメイン］住まいの選択肢

リタイアメント・コミュニティや高齢者向けの入居施設ではなく、自宅で歳を重ねたいという願いは強く、住宅リフォームや、新たな住み方の選択肢がビジネスチャンスとして注目されている。既存の住宅業界の中にも、高齢者住宅に特化した「シニア・ハウジング」で成功した企業も出ている。そうした事例（Seniorly［シニアリー］、A Place for Mom［アプレイスフォーマム］）については第6章で紹介しよう。

一方で、自宅に住み続けたいと願う人のステージも多彩であるため、それを受けて、ちょっと驚くようなマーケットも出現している。「異世代ホームシェア」も、成長中のトレンドの1つだ。これは、自宅のスペースに余裕がある高年齢者と、若い世代のルームメイトをマッチングする仕組みだ。この単純な仕組みで、若い世代は手頃な価格で住まいを確保でき、家のオーナ

ーの孤立や孤独を防ぐこともできる。ネットの接続を手伝ったり、買い物など、日常生活の手伝いをしているケースも多い。

「異世代ホームシェア」の支援サービスを数都市で展開している企業に、Silvernest（シルバーネスト）がある。同社はマッチングのシステム、賃貸管理業務、地域密着のサポートサービスを提供している。さらに追加でインフラやサービスを付与したい場合には、ヴィレッジ・トゥ・ヴィレッジ・ネットワークのような地元団体とも連携できる。ボストンのビーコン・ヒルで始まったこの団体は、近隣のシニアがつながってリソースを共有する「村」づくりを行っている。

自社以外のサービスを取り込むことで、Silvernestはプラットフォームの役割を持つようになった。もはや、「新サービスを自前で作れないスタートアップは成長できない」という時代ではない。スマートフォンのアプリを追加するように、他社のサービスを審査して追加すればいいのだ。

他にもプラットフォームを構築している企業はある。Nesterly（ネスタリー）は高年齢層と若年層のルームメイトをマッチングするプラットフォームを構築し、しっかりと身元調査を行っている。コロナ禍にはボストン市と提携して、孤立リスクの高い個人とボランティアをつなぎ、無接触配達から親しみのある声かけまで、基本的なニーズを満たすサービスを無償提供した。

UpsideHōM（アップサイドホーム、現Upsideアップサイド）は、家具付きアパートとともに、カスタマーのステージに応じて食事の配達、送迎、アクティビティなども提供している。

このように他社のサービスも含めてプラットフォーム化することで、エイジング・イン・プレイスを実践する高齢者のステージが変化しても対応できる。これは優れた仕組みだ。

- 企業名：Silvernest（シルバーネスト）、Nesterly（ネスタリー）、UpsideHōM（アップサイドホーム）
- ドメイン：エイジング・イン・プレイス
- サブドメイン：住まいの選択肢、リフォーム
- 市場規模：20億ドル
- 対象ステージ：移行、再生、介護、終活
- ベストプラクティス：高年齢層向けの住まいの選択肢として、社会的孤立や寂しさを解消しつつ、さまざまなサービスを提供するプラットフォーム兼コミュニティを形成している点

［サブドメイン］社会的孤立、交通、モビリティ、遠隔医療

各種ＳＮＳが相互に連携しているのと同様、長寿社会でもプラットフォーム間のリンクが進んでいる。Take Papa（テイク・パパ）は、看護学生や大学生が高齢者の移動の同伴やＩＴ関連のサポート、家事や雑用の手助けなどをするためのオンライン・プラットフォームだ。高齢者の手伝いや付き添いのマッチングの場として始まったのだが、今では介護付き高齢者コミュニ

ティとも提携して、幅広い専門医・認定医や看護師、行動療法士など専門家のネットワークによる遠隔医療サービスを提供している。適切な診療を受けるうえで移動が障害にならないよう、同社はUber Health（ウーバー・ヘルス）とも提携した。２０２１年11月、同社は、１億５０００万ドルの資金調達シリーズDを達成、さらに26の医療・健康関連サービスを追加すると発表した。同プラットフォームは、メディケア・アドバンテージ、メディケイド、企業の雇用者向け医療保険（ヒューマナやエトナなど）の加入者向けサービスを全米50州で提供するPapa Pals（パパ・パル）とともに拡大を続けている。

こうしたプラットフォームが提携・統合し、「世代間ケア・システム」が構築されつつある。これらのプラットフォームが連携して成功するカギは、ステージの異なる複数のタイプのカスタマーを対象とすること、それらのカスタマーをプラットフォームにつなぐ製品・サービスを見つけること、そしてエンドユーザー以外の支払い元を確保することだ。Papa社の事例では、メディケア・アドバンテージ、サービス付き高齢者住宅のプロバイダー、医療保険制度、UpsideHōMなどの先進的な住宅コミュニティとの連携を通じて、幅広いカスタマーに対応している。

コロナ禍における遠隔医療サービスの急成長は目覚ましい変化であり、遠隔医療には長寿経済での継続成長が見込まれる。遠隔診療が交通・送迎の問題を一部解消したとはいえ、一定のライフステージにおいて移動の問題解決が必要なのは変わらない。自宅で引きこもりがちな人の孤立対策としても移動手段は重要だ。医療機関での受診、人付き合い、礼拝など宗教行事への参加、仕事、ボランティア活動など、物理的に出かける必要はさまざまにある。このマーケット規模は、単体で約40億ドルとされている。

UberやLyft(リフト）などのライドシェア業界も、高齢者のニーズに即した新規事業による垂直展開に踏み出している。Uber Healthは1000以上の医療機関と提携して医療輸送を担う。同社は、高齢者が使いやすいツール、アプリ、電話システムを開発した。さらに、オンライン処方薬配送サービスNimbleRx(ニンブル・アールエックス）社との提携で、処方薬の宅配も開始した。

Lyft Health(リフト・ヘルス）では、医療提供者がEpic(エピック）などの電子カルテ・システムから直接、Lyftで患者の送迎手配ができる。Lyft Healthはこの機能を含めたコンシェルジュ型のサービスを、介護付き住宅や高齢者コミュニティと提携して拡大中だ。

ステージによってその比率は異なるが、高年齢層の中にはモバイル技術やアプリの操作を苦手とする人もいる。GoGoGrandparent(ゴーゴーグランドペアレント）などはこれをビジネスチャンスと捉え、アプリなしでUberやLyftを手配できる簡素な仕組みをつくった。送迎時間の家族への通知や、定期診察の予約もできる。さらに食事や食料品の配達機能も追加された。

ここで注目したい重要ポイントは、IT技術を用いて日常的な用事を楽にしている点、そして、介護やケアの情報ネットワークをつくっている点だ。家族への通知機能は、本人以外の若いカスタマーに役立つサービスである。さらに医療データと連携することで、効率よく効果的にサービスを提供している。

- 企業名：Papa（パパ）、Uber Health（ウーバー・ヘルス）、Lyft Health（リフト・ヘルス）、GoGoGrandparent（ゴーゴーグランドペアレント）
- ドメイン：エイジング・イン・プレイス
- サブドメイン：社会的孤立、交通、モビリティ
- 市場規模：40億ドル以上
- 対象ステージ：移行から人生の幕引きまで
- ベストプラクティス：孤独解消のための交流や医療サービスなど、交通領域を超えてサービスを拡大したこと

［サブドメイン］遠隔医療・健康づくり、デジタルヘルス

遠隔医療は、長寿マーケットで最も進展した領域の1つだろう。170カ国でサービスを提供し、過去5年間で1100万人が利用したTeledoc（テレドック、現Teladoc テラドック）が2020年、糖尿病管理のオンライン・プラットフォームLivongo（リヴォンゴ）を185億ドルで買収した事実が、このマーケットの価値を示している。[18]

遠隔医療というサブドメインには、サブ・サブドメインが含まれている。医療ケアや看護をサポートするまったく新しい経済モデルが生まれつつあるのだ。

たとえば、センサー技術や遠隔治療によって、入院せず自宅で処置を受け回復する「在宅入院」が可能になるだろう。このアイデアを実現するサポート技術の開発、実践に向けた看護・介護者ネットワークの構築など、「在宅入院」だけでも複数のビジネスチャンスが考えられる。

このように看護・介護者と患者のニーズのギャップを埋めるイノベーションが求められており、それがビジネスチャンスになる。次項で述べるように、介護者が家庭内で医療行為を行うようになる可能性があり、その役割をサポートするためのイノベーションが必要なのだ。[19]

パンデミックによって遠隔医療は急速に発展し、ある意味で、受け入れられる素地は整った。遠隔医療にとっては非常に大きなビジネスチャンスである。

- 企業名：Teledoc（テレドック）、Tembo Health（テンボー・ヘルス）
- ドメイン：エイジング・イン・プレイス
- サブドメイン：遠隔医療・健康づくり、デジタル・ヘルス
- 市場規模：２５００億ドル
- 対象ステージ：介護から人生の幕引きまで

・ベストプラクティス：介護コーディネートの複雑さを理解している専門家が参加して、高齢患者のニーズに特化したケアを行うこと

【サブドメイン】ウェルネス、フィットネス

ウェルネス領域も長寿マーケットのサブドメインの1つであり、オンラインのフィットネス・トレーニングは遠隔医療のサブ・サブドメインだともいえる。Peloton（ペロトン）といった企業の成功が示すのは、リモートでのエクササイズや運動が浸透してきた事実だ。Bold（ボールド）社はリモートで高年齢者に筋力テストを行い、その診断に基づいて12週間のフィットネス・プログラムを個別に提供している。トレーニングの目的は健康寿命を延ばすことだが、より具体的には、転倒予防である。転倒は65歳以上の3人に1人に毎年起きており、転倒に起因する医療介護費用は年間5000億ドルに上る。

・企業名：Bold（ボールド）
・ドメイン：デジタル・ヘルス、エイジング・イン・プレイス
・サブドメイン：ウェルネス、フィットネス
・市場規模：500億ドル
・対象ステージ：健康状態の見直しから再生にかけて

・ベストプラクティス：個人のニーズに合わせてカスタマイズされたオンラインの運動プログラム、医療保険制度との提携

［サブドメイン］リフォーム

リフォーム業界では、住宅設備とＩＴ技術の進化は大きなビジネスチャンスとなる。全米住宅建設業者協会は、認定エイジング・イン・プレイス・スペシャリスト（ＣＡＰＳ）プログラムの提供を開始した。

同協会では、高齢者が住みやすい仕様を盛り込んだ「エイジング・イン・プレイスのチェックリスト」を提供している。具体的には、ドア幅90センチメートル、広い廊下、滑りにくい床材、ドアや水栓のレバーハンドル、玄関や部屋の段差解消などが挙げられている（北欧では「健やかな加齢」を意味する「ヘルシー・エイジング」の促進施策として、すべての新築物件にユニバーサルデザインを義務づけている国もある）。

しかし、ＣＡＰＳ認証を受けた建設業者や、エイジング・イン・プレイスを専門とする設計事務所、専用の製品やサービスを提供する業者はまだ少ない。リフォームの施主の大部分が50歳以上のため、長寿化に合わせたリフォームや住宅建設は未開拓の一大ビジネスチャンスだ。

以下に述べる領域は、エイジング・イン・プレイスのドメインで括られる場合もあるが、特

に重要かつ特異性の高い領域であるため、独自のドメイン、さらには独自の経済圏を形成している。ここからは、介護経済とその多くのサブドメインを紹介しよう。

【3】介護経済

介護は従来から存在するドメインだが、非常に範囲が広く、変化も激しいので、切り出して個別に考えるべきだろう。介護だけで1兆ドル近い巨大マーケットなのだ。

このドメインは、非専門職の家族らによる介護と、専門職による介護の2つに大きく分かれている。2020年、米国では5300万人以上が、4800万人を超える高齢者に無報酬で介護を行っている。[20] 一方、介護専門職の市場規模は5000億ドルに上る。[21] 同様の巨大マーケットは世界中で拡大中だ。

介護ドメインと多数のサブドメインには無数の新規参入企業が現れている。具体的には、介護のナビゲーションや移行支援サービス、介護コーディネート、介護をする側のQOLの確保、介護が必要な人の日常生活支援、ウェアラブル機器、転倒予防や早期発見、資産面での介護などがある。介護関連の25以上のサブドメインとその詳細については付録を参照のこと。ここまで見てきた長寿時代のイノベーションの多くと同様、このマーケットにも多様なニーズや機会が多面的に存在するため、どんな企業にも複数のビジネスチャンスが見つかるはずだ。

介護ドメインに参入しようとする企業は、このマーケットの複雑さを理解しておくべきだ。どのサブドメイン1つをとっても、複数の関係者が存在する。介護者、被介護者、コーディネーター、発言権のある家族のメンバー、購買者、支払い元などだ。すべて別の人の場合もあれば、1人が複数の役割を担っている場合もある。

介護は人生のステージでもあり、長寿化で重要となったドメインでもある。介護の実態は想像以上に多岐にわたっており、たとえば、老いた子を老親が介護する場合もある。本人は「再生」ステージにありつつ、配偶者やパートナーの介護をしているケースもある。40代でも介護のステージを生きており、介護マーケットの一員であることも多い。

同じケアでも育児マーケットは成熟しており、親をサポートする情報や商品が豊富に揃っている。だが高齢者介護など、育児以外のケア領域では、このような包括的な情報源やマーケットが発達していない。それに、育児であればたいていは子の自立へと一方向に進むのに対し、高齢者介護の場合、状況はより複雑で変則的だ。健康状態が悪化したので別の治療や支援が必要になるなど、次から次へと新たな危機が訪れるのが高齢者介護では当たり前のことである。

こうした変化に対応する訓練など、無償労働の介護者は受けていない。だからこそ、介護には大きなビジネスチャンスがあるともいえるだろう。

一例として、私が介護のステージにいた当時の状況を考えてみよう。初めて父の介護をしたのは10代の頃だった。30代から50代にかけての20年間は、父に先立たれた母の介護を断続的に担っていた。その頃は、親にどんな介護が必要なのかを私が理解できるような情報やツールは存在しておらず、また、誰も私に介護関連の商品・サービスを営業してくれなかった。

介護ドメインとサブドメインにある大きなニーズの溝を埋めるには、新たなプラットフォームが必要だ。情報やリソースを集めて、家族に合った使い方を提案してくれるようなプラットフォームが求められている。介護や移行支援を行う新規事業の中には、個人ではなく医療保険や企業向けにB2Bのマーケティングを行う企業もある。企業の従業員が育児や配偶者の介護と仕事を両立できるような福利厚生を経営者に売り込むわけだ。この場合、支払いをするのは、そのサービスのエンドユーザー（介護者）でもなければ、介護を受ける人でもない。

介護領域でイノベーションが強く求められる中、メリンダ・フレンチ・ゲイツが米国社会の進歩のために設立した投資・インキュベーション企業Pivotal Ventures（ピボタル・ベンチャーズ）は、２０２０年1月にスタートアップ投資会社のTechstars（テクスターズ）と提携して、複数年の取り組みを開始すると発表した。両社は共同で新プログラム、「長寿社会の未来アクセラレーター」を設立した。高齢者と介護者のニーズを解決するための革新的で創造的な介護ソリューションに特化した世界初のプログラムだ。[22]

毎年10社が13週間のインキュベーション・プログラムに参加する。参加企業は1社当たり12万ドルの投資を受け、複数のメンターにアドバイスを受けながら事業開発を行う。私はこのプログラムの主任メンターの1人で、現在は常勤でメンターを務めている。２０２０年、２０２1年で計20社が、本書で紹介する各種の介護ドメインに取り組んだ。起業家の大半は、家族を介護した体験をきっかけとして、介護の問題解決を志すようになった人たちである。このプログラムが目指すのは、介護者の負担を軽減しながら、高齢者がより幸福で尊厳ある生活を営めるようエンパワーメントする問題解決策を打ち出すことだ。[23]

ここからは、具体的な企業の事例から、介護ドメインへの新たなアプローチとビジネス戦略を見ていきたい。それぞれが介護マーケットでも異なる要素に取り組み、さまざまなニーズに対応している。ビジネスモデルや顧客獲得戦略も各社で異なっている。

介護マーケットのシェアは手つかずの部分が大きい。1社でマーケット全体の無数のニーズに対応できるわけがないし、地域によって求められる戦略も変わってくる。たとえば、過疎化した地方では、交通の便も悪い中で介護業務を行う課題を解決できれば、大きな収益化が見込める。ビジネスチャンスも千差万別なのだ。

実際、介護関連のサブドメインは20以上あり、とても網羅しきれないので、本章では一部を紹介するに留める。介護経済とイノベーションの詳細については、付録を参照されたい。[24]

【サブドメイン】在宅介護・テクノロジー

シリアル・アントレプレナーのセス・スタンバーグが２０１４年に創業したHonor（オナー）は、在宅介護事務所への研修を提供し、研修を受けた信頼性の高い介護士の派遣を円滑に行う事業を行っている。同社は当初、プロの介護士を同社の商品だと考えて、専門職による介護が必要な顧客に直接販売した。しかし、介護ドメインおよび各種サブドメインをターゲットとしてすぐに、同社はアプローチを変えた。介護マーケットは「超・地域密着型」であり、個人経営の在宅介護事務所が大量にあるため、そうした業者に介護プランや顧客プロファイリングなどを提供する事業に絞った方がうまくいくと気づいたのだ。ＡＩ（人工知能）による介護需要予測を事業戦略に組み込むことで、同社は介護士の離職率を80％から30％まで引き下げた。

Ｂ２Ｃマーケティングから地元の介護事業者向けのＢ２Ｂマーケティングへの転換が功を奏し、介護事業者との間に信頼関係が生まれた。その結果、同社は移動支援など介護のサブドメインの開拓にも進めるようになった。Uberや地元のスーパーマーケットと提携した食材宅配サービスもその一例だ。

現在、Honorは自社戦略を「地域の介護事業者と協働して、信頼性と品質の高い在宅介護を提供する在宅介護テクノロジー企業」としている。当初のＢ２Ｃ直販モデルから転換した新戦略を打ち出しているのだ。２０２１年8月、同社は在宅介護技術・運営プラットフォームを持つ在宅介護サービスの世界的リーダーHome Instead社（ホーム・インステッド）を買収し、在宅介護テクノロジーと運用プラットフォームを統合していくと発表した。買収後の売上高は21億ドル以上となる。Honorの成功が示すのは、介護マーケットでは新しいアイデアを拒絶せず柔軟になるべし、そしてビジネスモデルが非常に重要だという教訓だ。特にスタートアップはそうだ。複雑に細分化した介護マーケットでは、信頼できる流通チャネルを確立し、地域の事業者との信頼関係を築くことが重要だと気づいたからこそ、同社は成功できたのだ。

- 企業名：Honor（オナー）
- ドメイン：介護
- サブドメイン：有償の在宅介護、ＩＴによる事業者支援のプラットフォーム
- 市場規模：90億〜５０００億ドル
- 対象ステージ：介護
- ベストプラクティス：ＩＴによって、ダイナミックで迅速な介護のサプライチェーンをつくったこと。有償介護のエコシステムが超・地元密着型であると気づき対応できたこと。草の根の在宅介護ネットワークを統合したこと

［サブドメイン］介護コーディネート・ナビゲート

米国の長寿マーケットにおいて介護コーディネーターの不在は大きな穴だ。仕事や家庭生活と介護を両立する家族のサポートも、専門職が効果的な介護を計画・実行するためのサポートも必要なのに、まだ手つかずの部分が大きい。

Vesta Healthcare（ヴェスタ・ヘルスケア）は当初、在宅介護へのB2Cマーケティングでこのドメインに参入したが、カスタマー数が伸び悩んだ。そこでビジネスモデルを転換し、介護支援事業者、家族介護者、医療従事者など、介護に携わる人のネットワークを単位としてマーケティングを行った。同社はIT技術を使って、介護関係者情報や気づきを共有できる仕組みを構築した。介護コーディネートにおいてコミュニケーションは非常に重要であり、同社のアプローチはコミュニケーションを促進するものだった。

同社は、心身機能が弱く重度の介護が必要な層に特に注力している。遠隔医療を通じて、臨床医は利用者の健康状態をモニタリングでき、専門職・家族を問わず、介護者は看護師にオンラインで連絡ができる。CEOのランディ・クラインによれば、この技術を使えば介護者が2回に1回は「コーチングをもとに自力で解決」でき、重度機能障害の高齢者に多い救急外来の利用や入院・再入院を防ぐことで高額の医療費も回避できるとのことだ。[25]

クラインは同社の成功要因として「介護者を重視し、彼らを尊重したこと」を挙げている。「業界では介護者が見下されがちだ。プロでない介護者に対しては特に偉そうにする。だからうまくいかないのだ」という。Vestaは、非専門職の介護者も介護ネットワークの一員だと考え、パートナーとして接することで信頼関係を築いたのだ。

- 企業名：Vesta Healthcare（ヴェスタ・ヘルスケア）
- ドメイン：介護
- サブドメイン：介護コーディネート、ナビゲート、遠隔医療サービス
- 市場規模：３０００億ドル
- 対象ステージ：介護
- ベストプラクティス：信頼できる介護のパートナー体制の構築。24時間３６５日の遠隔診療・相談サポートで入院を予防し、介護者の視点を重視して、介護チーム全体で情報共有する体制をつくったこと

［サブドメイン］移行計画・介護ナビゲート

介護施設への入所や、親の受け入れ、在宅ケアの介護士探しなど、介護体制の移行時には家族は大きなストレスを抱える。移行は複雑で、多くの意思決定を伴い、時間も労力もかかることから、移行業務の一括管理サービスが商機となるのは当然だろう。

Wellthy（ウェルシー）は、このサービスを雇用主に提供し、介護者支援を実現している。リンジー・ジュリスト＝ロスナーは自身の介護経験から、企業向けに民間の介護コーディネータ

ーによるコンシェルジュ・サービスを提供するWellthyを設立。[26] 要介護者の家族に対して、介護士の採用や施設入居手続き、地域の介護者交流プログラムへの参加促進、リフォーム・食事配達・送迎の手配、後見人指名や法制度の利用支援、各種保険・給付の活用サポートを行う。

同社はこのサービスを、家族の介護をしながら働く従業員を持つ企業に販売している。企業が従業員の介護をサポートすることで、生産性向上や勤怠改善が期待でき、さらに従業員の忠誠心や定着率の向上、ストレス軽減といった効果も見込めると考えている。

今後、より多くの従業員がキャリア形成期に育児と介護の両方に直面する中で、企業の福利厚生の範囲は拡大するだろう。Wellthyは、メディケア・アドバンテージ、企業の健康保険組合、保険会社などに向けてもサービスの販売を開始している。

- 企業名：Wellthy(ウェルシー)
- ドメイン：介護
- サブドメイン：介護ナビゲーション、介護体制移行のプランニング
- 市場規模：300億ドル以上
- 対象ステージ：子育て・家族、介護
- ベストプラクティス：企業の福利厚生に介護コンシェルジュ・サービスを組み込むことで、家族の介護をしている従業員と経営者の課題に対処している点

介護ドメインは幅広いが、重要なポイントがいくつか見えてきた。このマーケットに参入する場合、商品・サービスの提供先は、被介護者だけではなく、さまざまなステージの人が対象となる。それだけに、点在していた介護関係者をつないでネットワーク化するサービスは大きなビジネスチャンスだ。具体的には、状況に応じた介護コーディネート業務、今後に備えた準備（介護の現場では典型的なことでも、いざ自分の身に起きると動転するような事象は多い）、つらい意思決定の際に専門家を頼れるサービスなどが求められる。また、テクノロジーの進歩・普及が介護のあり方を大きく変えるだろう。遠隔診療などリモートで医療・健康の専門家に相談できるサービス、センサーで被介護者の容態をモニタリングする機能、あるいは介護人材市場の動向を予測するＡＩなどの発展や、介護プラットフォーム領域の成長が期待される。

もう１つ、どの家族も経験する重要なドメインとして、終末期ケアと終活がある。市場規模１７００億ドルとされるこのドメインに、さまざまなアプローチで参入した企業を紹介しよう。

［ドメイン］終末期ケアと終活

終末期と死というライフイベントに際しては、やるべきことも多く、当事者や家族に対するサポートや情報提供へのニーズが高い。無計画で、あるいは本人の要望が明確に共有されないまま亡くなると、残された人たちは大変なことになる。

コロナ禍には終末期ケアの計画が急務となり、毎週のようにその重要性が報道されていた。近年では「良い死を迎える」というコンセプトを医学研究所（現・全米医学アカデミー）が推進しており、死を迎える人の要望に即した計画と文書化を行うよう勧めている。同団体の定義によると、「良い死」とは「患者、家族、介護者にとって回避可能な苦痛や困難なく迎える死のこと。患者と家族の要望がおおむね叶えられており、医学的、文化的、倫理的基準と齟齬のない死のあり方」を指す。[27]

事前に計画しておかなかったせいで、死にゆく人の尊厳と要望が守られないケースは多い。死にまつわる判断の数々で揉めて、家族が崩壊することもある。死は多面的なイベントだ。医学や法律、経済面も関わるし、さらに宗教や思想も関わる。感情が大きく揺れる家族の一大事であり、相続も発生する。こうした死の側面ごとに異なるニーズがあり、それぞれがビジネスチャンスとなる。

家族のためにも自分自身のためにも良い死を迎えたいと誰もが願っているにもかかわらず、実態は異なる。米国では5人中3人は終末期の計画を立てておらず、葬儀について検討したのは5人中1人だけだ。90％が自宅死を望んでいるが、実際にはわずか30％となっている。

終末期ケアと終活は、長寿マーケットの中でも介護と並ぶ巨大マーケットであり、その規模は驚くほど大きいのだが、まだ整理や統合がなされていない。緩和ケアとホスピスの市場規模は300億ドルと推計されている。終末期の治療計画、アドバンス・ケア・プランニングは500億ドル超の市場だ。さらに葬儀・埋葬は、環境にやさしい新たな選択肢も含めて、米国で210億ドル超のビジネスなのだ。

こうしたさまざまなニーズが、終末期ケア・終活のサブドメインを構成している。これから紹介する企業は、このマーケットの複雑さを正確に理解したうえで、家族のニーズに対応している事例だ。

Cake(ケイク)などのプラットフォーム型企業は、葬儀の事前手配から喪主の指名、遺言書や終活プランの保管など、終末期のほぼ全側面に取り組んでいる。[28] さらに、肉親の死による悲しみや喪失感に寄り添うツールも提供している。

こうした野心的なアプローチでカギとなるのが、他事業者との業務提携だ。Cakeは提携先から紹介料と売り上げの一部を徴収している。同社は当初、金融機関や医療保険会社などにプラットフォームを販売し、アクセスへのライセンス料(3年1万ドルから100万ドル)を徴収していた。ライセンスを購入した企業が、自社のカスタマーにCakeの終活サービスを提供できる仕組みだった。

だが2019年には、Cakeの創業者でCEOのスエリン・チェンは、一般ユーザーへの直販モデルを導入した。企業提携では営業サイクルが長く、そのせいで事業が伸び悩んでいたためだ。B2Cモデルでの集客は、検索エンジンの最適化によってリード（見込み顧客）を開拓した。その大半は、親や家族のことを考える女性だった。

コロナ禍にもCakeの知名度は上がった。「パンデミックで、終活のトレンドが加速しました」とチェンは言う。「死について考える気運が高まり、不吉だからと避ける風潮は薄れました。資産面も含めて健康な人生を送るために、終活が不可欠になったのです」[29]

さらにチェンは言う。「この領域はまだ始まったばかりなので、やるべきことはたくさんあります。どの家族でも何度も必要になるわけですし」

- 企業名：Cake（ケイク）
- ドメイン：終末期ケアと終活、遺族のサポート
- サブドメイン：緩和ケアとホスピス、アドバンス・ケア・プランニング、法的書類作成サポート、葬儀と埋葬、遺産・遺贈計画、遺族の心理的ケア
- 市場規模：1000億ドル以上
- 対象ステージ：子育て・家族から人生の幕引きまで
- ベストプラクティス：終末期に必要な介護と終活まわりのサービス・商品を網羅したプラットフォームをつくった点。B2BとB2Cの両面戦略

プラットフォーム型ではなく、領域の一部に特化した企業もある。緩和ケアやホスピスは現状でも310億ドルの市場規模があり、病院での死を望まない患者の増加とともに伸びている領域だ。

Iris Healthcare(アイリス・ヘルスケア)は、本人や家族に加え、保険会社や医療従事者にも向けてサービスを展開している。同社は遠隔医療を用い、専任のガイドが終末期ケアに関する話し合いを進め、意思決定をサポートしている。潜在カスタマーの発掘には、医療費請求データに基づく予測モデリングを使用している。

- 企業名：Iris Healthcare(アイリス・ヘルスケア)
- ドメイン：終末期ケアと終活
- サブドメイン：アドバンス・ケア・プランニング、遠隔医療
- 市場規模：500億ドル
- 対象ステージ：介護から人生の幕引きまで
- ベストプラクティス：コンシェルジュ型のサービスによって、家族がやりづらいアドバンス・ケア・プランニングの開始・進行をサポートし、終末期の本人の要望を文書化して、保険会社や医療従事者、信任を受けた家族のメンバーがそれを利用できるようにした点

もう1社、FreeWillも同様のプランニングツールを提供している。2016年にスタンフォード大学ビジネススクールの学生2人によって創業された同社は、非営利団体（NPO）への寄付を支援し活性化させる目的で、オンラインの遺産計画ソフトを開発した。創業後3年で2万1000件以上の遺言を作成、5億ドル以上がNPOに寄付された。

その過程で、同社はユニークな顧客獲得と収益モデルを構築している。新規登録したユーザーはオンラインで遺言を作成し、（希望に応じて）寄付の手配をする。この間、たった数分だ。ここまで済ませれば、あとは公証を取得するだけなのだが、遺言作成者にはその費用は発生しない。このツールで寄付金を受けている100以上の慈善団体が公証手続きの費用を負担しているからだ。FreeWillは現在、終末医療の指示書や資産委任状などにまでサービスを拡大しており、終活マーケットの入り口として、他のプラットフォームとの提携を進めている。

【4】意外な領域の急成長

長寿マーケットでは、すぐには関連がわかりづらいような新ドメインやサブドメインも成長している。寿命と健康寿命の伸長という人口変化は生活のあらゆる側面に影響してくるため、思いもよらないビジネスチャンスも、予想外のイノベーションも起きるものだ。

［ドメイン］生涯学習

イノベーションの機が熟した領域として、生涯学習が挙げられる。健康寿命が延び、講座に参加する高齢者の数が爆発的に増えれば、生涯学習は劇的に変化して当然だ。以前は教育機関を利用する大半が30歳未満だったが、その構成は大きく変化している。このマーケットを「生涯学習」から「長寿学習」と呼び替えた企業もあるほどだ。

健康寿命が10年延びれば、活動や学習ができる日数は３６５２日も増える。これを受けて、「再生」、「方向転換」ステージなど多様なステージにある人、あるいはサイドプレナー、オールダープレナー（シニア起業家）などがニーズに合わせて学べるよう、新たな学習モデルや教育関連テクノロジーが開発されている。デジタルリテラシー教育のソフトも登場しており、今後はファーストキャリアを定年退職した人や、育児や介護で長期休職・キャリア中断をした人の再就職支援に役立つモデルの登場も期待される。

実例を見てみよう。Amava（アマヴァ）は、生涯学習者が自分の興味に応じたバーチャル・コミュニティに参加するプラットフォームを構築した。ＣＥＯ兼創業者のマーク・シルバーマンによると、同社の当初のビジネスモデルは、スミソニアン協会やＮＰＯ団体ロードスカラーのように、カスタマーが興味を持った提携団体から紹介手数料を取るものだった。[30]

だが、同社は新たなビジネスモデルを取り入れて進化した。その中には、本章で紹介した仕組み、たとえば健康保険やすでに高年齢層にサービスを提供している団体との提携も含まれる。現在、同社のプラットフォームは約20万ユーザーを集めている。同社の成長を見れば、定年後など移行期の人が、目的や生きがいを見つけ直すための情報やコミュニティ、ツールには強いニーズがあることがよくわかる。

同社のプログラムには、方向転換のステージにいる人が次の行動へ踏み出すための「自分の『これから』をデザインする」コースがある。「退職コーチング」プログラムも、移行期の人に支持されている。「メディケアとメディケア・アドバンテージについてのセミナー」も人気だ。同社はCoursera（コーセラ）やed2go（エドトゥゴー）など既存のオンライン学習サービスとも提携している。

「移行」や「継続学習」のステージはもちろん、どのステージを対象にしても新たな学びのプロダクトはいくらでも考えられる。たとえば、「ポートフォリオの作成」ステージの人は、新たな進路を探るために幅広い学習機会を求めるだろう。

- 企業名：Amava（アマヴァ）
- ドメイン：生涯学習、移行計画

- サブドメイン：非定年、生きがい
- 市場規模：5兆ドル
- 対象ステージ：継続学習、方向転換、移行、再生、サイドプレナー、終活
- ベストプラクティス：移行のステージにある高年齢層の多様なニーズを理解し、強力なコンテンツ・プラットフォームをつくるとともに、共通の興味や目標を持つ人びとの集うコミュニティづくりの仕組みを構築した点

学びの機会は、高年齢層、特にエイジング・イン・プレイスを実践している人の社会的孤立や孤独を解消する効果もある。オンラインの学習コースやセミナーに申し込んだものの、教室でみんなで学ぶのに比べて刺激が足りず、途中で脱落してしまった経験はないだろうか。

ここに目をつけたGather(ギャザー)は、リアルタイムのグループ学習を導入した。同社はスミソニアンなどの博物館や大学など有名な学術機関のコンテンツを提供するマーケットプレイスだ。[31] 学術機関の会員向けコンテンツの設計、ライブ配信やバーチャル講義の提供を各機関と協業で行っている。Gatherは一般ユーザーへの直販モデルは採用しておらず、同社のマーケットプレイスに参加している提携機関の会員が支払う会費から収益を得ている。ニューヨーク近代美術館（MoMA）やメトロポリタン美術館など世界有数の美術館に向けて、同社は「デジタル会員」という新たな会員形態をつくりだし、美術館会員制度のあり方を再発明したのだ。

2019年、Gatherが開催した教育イベントは3万9000件に上る。参加者の大部分は50歳以上だ。さらに登録者をステージの観点で検討すれば、同社はマーケティングの最適化が可能になるだろう。たとえば登録者に「ポートフォリオの作成」ステージの人がどれくらいいるのか、「再生」ステージで新しい仕事のチャンスのために学習している人がどのくらい存在するだろうか、と考えられる。

- 企業名：Gather（ギャザー）
- ドメイン：継続学習
- サブドメイン：生涯学習、エドテック（教育×IT）、社会的孤立対策
- 市場規模：5兆ドル
- 対象ステージ：移行から終活まで
- ベストプラクティス：生涯学習のラーニング・エクスペリエンス（学習体験）を設計・提供・管理した点。学習者コミュニティへのエンゲージメント促進。すでに有料会員と強固な関係性を築いてきた学術機関と提携した点

［ドメイン］就労

健康寿命が伸長すれば、企業に5世代の従業員がいるのも当たり前になる。人材の多様性が

パフォーマンスと創造性にプラスに働くことは、今や十分に立証されている。介護のための長期休業制度の設定や、定年退職なしの継続雇用、従業員のキャリア転換の支援などといった形で、人事面から長寿化のビジネスチャンスに取り組む企業も出てきている。働く期間、キャリアを60年スパンで考える時代だ。多様なステージの人材をサポートするクリエイティブな人事戦略が今後は標準化するだろう。

このドメインにも多くのサブドメインがある。たとえば、マーク・フリードマンが設立したＮＰＯ組織Encore.org（アンコール）は、経験豊富な人材を各種ＮＰＯとつなぐ団体だ。方向転換、ポートフォリオの作成、再生などのステージにある大人たちは、キャリアアップよりも目的ややりがいを重視するため、ＮＰＯ領域と相性がよい。同団体は、年配の人と若い人材をペアにすることで世代を超えたつながりをつくり、ポジティブな効果を生み出している。下部組織のGen2Gen（ジェントゥジェン）では50代以上が若者の成長を支援して、メンターやチューター業務、基礎学力のサポート、地域の介護グループの推進などを行っており、参加者は１０0万人を超えた。同団体は現在、組織名をCo-generate（コ・ジェネレイト）に変更している。

育児や介護などのステージにいる人も、このドメインのターゲットだ。２００8年設立のiRelaunch（アイリローンチ）は、育児でキャリアを中断した女性の再就職支援を行っている。同社のコースには、LinkedInやSlackなどのツールを学ぶワークショップも含まれている。また、16週間の有給リターンシップ（再就職）プログラムもあり、企業名のとおり、再発進（relaunch）したい求職者が研修や就業体験、メンターによるアドバイスを経て、正社員として就業するケースもかなり多い。再就職者の紹介手数料を採用企業が支払うビジネスモデルだ。

この仕組みは、第2、第3のキャリア発進を望む高年齢の人の再就職にも応用できそうだ。同社はすでに介護離職者の復職サポートを、男女問わず開始している。長寿化する人材市場では、キャリアから一旦離れたり、別のキャリアを目指すのも、ごく普通のことになる。

- 企業名：Encore.org（アンコール）、iRelaunch（アイリローンチ）
- ドメイン：非定年、再就職
- サブドメイン：キャリア移行プランニング、能力の再開発、キャリア転換、復職
- 市場規模：5兆ドル
- 対象ステージ：継続学習からサイドプレナーまで
- ベストプラクティス：キャリア中断中、キャリア移行期の人材を採用したい企業やNPOと協業で、有給のリターンシップ制度を開発した点

［ドメイン］エイジテック

高年齢層向けのテクノロジー開発は成長分野だ。エイジテックは多くのドメイン、サブドメ

インと関連する領域となるだろう。センサーによるモニタリングとオンライン相談を開いた遠隔医療はすでに普及し、高齢者医療の経済効率を大きく変化させている。

音声インターフェースも、高齢者のＩＴプラットフォーム利用を促進する製品開発が進む領域だ。スマートホーム分野の技術開発が進めば、リフォーム、エイジング・イン・プレイス、服薬管理、社会的つながりなど、長寿マーケットの広い領域に影響する。

このビジネスチャンスを見逃さないのが、サムスン、アマゾン、ベスト・バイなどの大企業だ。アマゾンは２０２０年に音声アシスタントAlexa（アレクサ）を使った見守りサービス、アレクサ・ケアハブを開始した。ベスト・バイはエイジング・イン・プレイス支援で、販売製品への無制限電話相談サービスを提供。メディケア・アドバンテージは２０２０年、高齢者の自立支援技術の一部を保険の対象とし、遠隔見守りやオンライン相談なども適用対象になった。

高高齢化、テクノロジー、健康という3要素の関連は今後さらに密接になる。各種アプリ、室内センサー、ウェアラブル機器などさまざまな形でこれらの融合が進む。ビデオ通話のような単純な技術によって、離れて暮らす親を気にかける人が、移動に煩わされずに連絡をとれるのだ。「終活」ステージにある人が自分の健康状態を専門家と話し合う場面でも、ビデオ通話は役立つだろう。

エイジテックは長寿マーケットの急成長ドメインであると、先見的な企業や団体は繰り返し強調してきた。これは、エイジテック関連で影響力のあるローリー・オルロフの「Aging and Health Technology Watch（エイジング・アンド・ヘルステクノロジー・ウォッチ）」、ケレン・エトキンが業界分析を発表している「the Gerontechnologist（ジェロンテクノロジスト）」、AARP（旧・米国退職者協会）のイノベーション・ラボによる「AgeTech Collaborative（エイジテック・コラボラティブ）」などで詳しく解説されている。

テクノロジーの進歩で、高齢者の安全確保が容易になり、加齢への偏見や嫌悪の減少も期待される。首からぶら下げる緊急コール用のボタンは、スマートウォッチなどのウェアラブル機器に置き換わる。衣服への技術組み込みにより高齢者向け衣料品の新市場も生まれるだろう。

「ドメイン・サブドメインの特定」を自分の仕事に生かす

100年人生に伴うニーズやウォンツに対応したビジネスチャンスが非常に大きく、多様で奥深いことはもう明らかだろう。ドメイン、サブドメインのほんの一部を検討しただけでも、事例のベストプラクティスから、読者の仕事に生かせそうな共通項が浮かび上がってきた。以下にまとめておこう。

- テクノロジーを利用して新製品やビジネスモデルを生み出す。ＩＴが関係なさそうな場面にこそ、テクノロジーが活きてくる。
- カスタマーは誰なのか、枠に囚われずじっくり考え、新たなビジネスモデルへの転換を行う。
- 特定のステージ、セグメント、サブドメインに焦点を絞って検討する。もちろんプラットフォーム型のビジネスモデルなら広く捉えられるが、まずターゲットを狭く絞って始めると成功しやすい。
- １から自力でつくるのではなく、他社と提携する。他社を理解すれば、自社のユニークな価値にも気づける。他社の得意分野で再発明をしようとするよりも、相手の強みを利用して自社を成長させればいい。

本章で見てきた事例と分析を土台として、読者が自社の長寿化戦略の検討を進められれば幸いだ。ビジネスチャンスは大量に存在しており、カスタマーについても理解できた。あとは、どうアプローチするかだ。

提言

- どんな企業にも長寿戦略が必要だ。製品・サービスと人材戦略に長寿化の視点を取り入れよう。

- 60歳以上の層を取り込もう。ブランド力のある大企業でも、この層を無視しないこと。
- 年齢ではなくステージを使って戦略を策定しよう。
- 自社の製品・サービス戦略を、長寿社会のステージの観点から再検討しよう。長寿時代のカスタマーの多様なニーズを反映して、より強い戦略がつくれるはずだ。
- 「身体の弱った高齢者や終末期の人向け」という思い込みを捨てよう。人生100年にわたって、さまざまな時期に多様なニーズが存在しているのだ。
- 歳のとり方にも多様性があることを意識しよう。同じ年齢でもさまざまで、ニーズもウォンツも千差万別だ。
- 多世代対応型のプロダクトを出そう。成功するためには、優れたデザイン、対象年齢を明示しないステルス対応、強力なブランド・イメージが必要となる。
- 製品や設計チームに、高年齢者の感性を吹き込もう。
- 長寿マーケットでは、製品・サービスの購入者・支払い元が、エンドユーザー・カスタマーとは異なる場合が多い。これを忘れないこと。

第5章

カスタマーの実像を見極める

長寿マーケット向けの商品・サービスは、多世代に受け入れられるものであるべきだ。他のマーケットとは異なり、エンドユーザーとは別に購入者、支払者がいる場合が多く、1商品に3種類の主体が関わることもある。ステージによっては、介護を受ける本人よりも、家族など無報酬の介護者の方が、製品・サービスの購入決定に強く関与することもある。マーケティングでは、エイジズム（年齢差別）的なアプローチにならないよう、注意が必要だ。

Identifying the Customer

離婚後、モニカは一家の大黒柱となった。ケータリングの会社を立ち上げ、好評だったクッキーのオンライン販売も始めた。最新のテクノロジーも駆使して事業規模を拡大し、材料は懇意の業者から効率よく仕入れている。貴重なオフの時間は大好きなダンスを楽しんでいる。モニカは64歳で健康だ。86歳になる母親の介護を最近始めたところでもある。

さて、質問だ。長寿マーケットでモニカはどのタイプのカスタマーだろうか？　これは引っかけ問題だ。というのも、少なくとも3タイプのカスタマーに当てはまるからだ。

「サイドプレナー」ステージから今やシニア起業家となったモニカは、経営スキルを磨くべく教材を求めているし、事業運営にはＩＴ技術も必要だ。作業スペースを増やしたいが、その際には高齢でも働きやすいよう設計するだろう。

一方で、人生のＱ３（第3四半期）、ルネッサンス期にいるモニカは、金儲けや経済的安定だけを優先しているわけではない。ダンスは彼女にとって非常に大切で、この生きがいに時間を使うようにしている。同志とつながって、ダンスのコミュニティをつくりたい気持ちも強い。

そして、「介護」のステージも始まっている。このステージでは、カスタマーとして自分以外のために購買の意思決定をする。支払いを担当することもあろう（しない場合もあるだろう）。各種医療保険やメディケア、メディケア・アドバンテージなどの内容と仕組みについて知識が必要になる。母親が遠隔治療やＡＩによる見守り機能を使うなら、モニカはその知識をつけて活用する必要がある。

さらに、事業保険への加入など、法人顧客としてカスタマーになる。母親の在宅介護費用の負担など、他者へのサービスの支払者となる場合もある。逆に、保険から医療費やフィットネスクラブの会費が出ているケースなど、自分以外が支払うサービスのユーザーになることもある。あるいは、話し合いに参加するだけの役割の場合もある。母親の治療方針を医師と決める場合などだ。さらにはインフルエンサーとして、ひょっとしたら、あなたの会社の商品をダンスサークルで強くお勧めしてくれているかもしれない。

モニカを「高齢カスタマー」という枠で見ても意味がないことがわかっただろう。彼女へのマーケティングに年齢はほとんど関係ない。たとえ彼女の年代層をサポートする機能がある商品だったとしてもだ。

年齢を強く打ち出した売り込みは効果がないばかりか、エイジズム（年齢差別）だと受け取られかねない。活発で豊かな大人たちは自分たちを老人だとは思っておらず、幻滅されるのがオチだ。おそらくモニカは、長寿マーケットのターゲットは母親であって自分は無関係だと思っているだろう。母親は「終活」ステージに入りつつあるので、部分的には間違っていない。

こうしたニュアンスを正確につかむことが、長寿マーケットのカスタマーを理解し、効果的なマーケティングを行ううえでのカギとなる。

製品・サービスの種別は問わず、長寿マーケティングに必要な視点を得るには、まず、次の3つの問いが重要だ。

- 購入決定権は誰にあるのか？　誰が支払うのか？
- エンドユーザーは誰か？　その人のニーズは何なのか？
- 顧客獲得上の課題は何か？

マーケットは1つ、ビジネスモデルは多数、カスタマーも多様

これらの問いに答えるには、サービス提供の仕組み（モデル）とカスタマーのタイプがわかっていなければならない。それぞれに独自の特性がある。そして、提供モデルとカスタマーを決めれば、長寿マーケットでの成功確率は上がる。主な提供モデルには、以下の種類がある。

①高齢者自身が購入するサービス

基本的にはB2Cモデルである。カスタマーのステージを意識してポジショニングをすることが重要となる。

②高齢者のために他者が購入するサービス

エンドユーザーに直接サービスが届く場合と、代理購入される場合がある。このモデルでは、マーケティング担当者は、ユーザーと購入者それぞれのステージに合わせたマーケティングを行う必要がある。たとえば、娘が父親のために、食材セットを定期購入する場合、売る側は、食べる人の嗜好や栄養面のニーズを掴むのはもちろん、買う側の娘が父のために何を望んでいるのか、支払い方法や価格面でどんな要望があるかも理解する必要がある。

③高齢者と若者との間で取引されるサービス

高齢者の自宅の部屋を若者に貸すサービスは、このモデルに当てはまる。両者が直接取引する方式と、媒介者を挟む形式がある。いずれの場合も、カスタマーは若者と高齢者に分かれており、双方（関係者が2者以上の場合もある）のステージの違いに着目することがマーケティング上、重要だ。

④未来の高齢者に向けたサービス

直接販売も間接販売もあり得る。このモデルの場合、マーケティングで重要なのは、カスタマーがまだ経験していない状況を思い描いて理解できるようサポートし、そこに投資する価値があると納得してもらうことだ。

⑤高齢者向けサービスで、支払いは社会が行う

このモデルでは、エンドユーザーとは異なるカスタマーと取引を行う。政策や制度を考慮した商品・サービスの設計が必要となる。

これらの提供モデルを構成するカスタマー(顧客・取引先)は、以下の9種類に分けられる。

①エンドユーザー

買った本人が使う場合。モニカが仕事に必要なコンピュータを自分で購入する場合など。

②購入者

情報を持つ資金提供者。エンドユーザーとは不一致の場合もある。たとえば、エイジング・イン・プレイス対応住宅に使う建材を選んで購入するのは、ユーザーではなく施工業者だろう。

③インフルエンサー

支払いは行わないが、情報を流通させるカスタマーである。ターゲット層から尊敬されている人物や、リアルやSNSでつながっている人が多い人物などだ。

④いわゆる「娘」

成人した子どもなど、私的かつ無償で高齢者の介護を行うカスタマー。母親を娘が介護する関係性が最も多いので「娘」という語を使っているが、息子、姪や甥、親しい知人の場合もある。基本的には、年下が年上の介護をするという関係性が多い。

⑤雇用主

企業向けの福利厚生のプロバイダーにとっては、経営者、人事責任者やＣＦＯが自社のカスタマーとなる。60歳以上の就業者が増える中、このカスタマーは長寿ビジネスで存在感を増している。従業員の生産性向上のためにも、介護関連の福利厚生のニーズは強まっている。

⑥米メディケア・アドバンテージ・プロバイダーなどの医療保険会社

これらの保険会社は民間企業であり、存在感を強めている。詳細は本章後半で述べる。

⑦米メディケアやメディケイドなどの行政サービス

前述の保険会社と近いが、大部分は公的機関で、規制や政策の絡みはより複雑である。

⑧政府や地方自治体

行政機関がカスタマーの場合、自治体によって法令や規制が異なる。公的サービス改善への声が高まれば、行政向けの営業は伸びるだろう。

⑨医療・介護従事者

介護施設が一般的だが、他にも、遠隔介護やウェルネスサービス等の提供企業も増加している。この領域は技術革新が目覚ましく、新たな商品・サービスが続々と現れている。

カスタマーは(たいてい)女性

人口統計が示すとおり、新たな長寿のパラダイムでは、製品・サービスの最大のターゲットは女性である。女性は男性よりも長生きだ。男性より多くのステージを経て独居になる人が多い。老年期を自宅で過ごす割合も高い。いくつものステージを経て働き続ける人が多い。さらに、高年齢層に限らず、家族の買い物を決めるのも、影響力が強いのも女性が多い。

もちろん、長寿マーケットが女性中心だといって男性カスタマーへのマーケティングを邪魔するつもりはない。どのジェンダーにもビジネスチャンスはある。とはいえ、長寿戦略を策定するうえでは、多様なステージにある女性について知り、彼女たちに向けたマーケティングを行うべきだろう。

女性カスタマーへの長寿マーケティングの例として、２０１５年にアン・タムリンソンが設立したDaughterhoodがわかりやすい。娘たちの連帯を示す団体名を見ただけで、世の娘や義娘たちの経験が伝わる。家族の無償ケアの大部分を負担しているのは娘なのだ。もちろん、娘と同様に両親を心配している息子もたくさんいるし、介護の負荷で辛い思いをしている男性も多い。親が自立生活をできなくなり尊厳を失うさまを直視して心を痛めているのは男性も同じだ。とはいえ、高齢になった親の介護をしている10人に7人は女性だとデータは示している。さらに、料理、掃除、買い物、通院の送迎、入浴といった日々の労働を主に担うのは、6人中5人が女性だ[1]。

団体のサイトにある無料の読み物は、介護経験のある女性が見れば「わかる」とニヤリとしたくなるタイトルばかりだ。「きょうだいのためのサバイバルガイド」「娘の3つのマントラ」「変化を起こそう」「境界線を引く方法」「セルフケアという負担」「あなたのせいじゃない」などなど。ほとんどの家族が経験するようになった人生のステージでありながら、孤独な経験でもある「介護」について、これまでにない種類のリソースを、Daughterhoodは提供している。同団体は地域のネットワークをつくって地元の支援リソースを知らせ合い、支え合っている。

リズ・オドネルは、Working Daughter（ワーキング・ドーター）という団体を設立した。団体名は彼女の著書から取っている。[2] 男女問わず、ビジネス・リーダーや政策立案者への提言も行っている。同団体は、役立つ情報や資料のオンラインでの提供に加え、各地で介護の当事者グループをつくり、定期的に集まってサポートし合う。会員を集めるリーダー向けの進め方ガイドも用意されている。

こうした団体はどれも宝の山だ。介護ステージにいるあらゆる年齢層の女性のニーズ、製品やサービスに関する情報の泉なのだ。団体のネットワークは、自社の製品・サービスのモニター業務や販促にも使える。この成長領域の専門知識を蓄積している当事者に、販売や集客の代理店業務を依頼するのもいい。

主に娘が介護の実業務を担っているとはいえ、購買の決定は単独で行われないケースが多く、ターゲティングが難しい。決定に口を出す人が多く、意見が割れることもよくあるため厄介だ。そのため、顧客獲得戦略としては、家族まるごとをターゲットとして組み入れることがカギとなる。ただし、支払い担当が別にいても、最初の接触ポイントが主たる介護者（たいてい娘）であることは変わらない。Daughterhood や Working Daughter などの団体と協業すれば、この層にリーチしやすくなる。

仕事と介護を両立する従業員のために、企業が社内にサポートグループをつくる動きも出てきた。メリルリンチが先鞭をつけたが、こうした取り組みを行う企業は増えるだろう。

2050年には介護をしながら働く人が米国で5000万人を超える見込みだ。これまで経営者は、性別や年齢の異なる従業員がそれぞれに育児や介護の責任を抱えている状況を軽視してきた。だがコロナ禍を経て、多くの経営者がこの現実に気づいたはずだ。

今後は、従業員の介護ニーズをサポートできる企業が人材獲得で競争優位に立てるだろう。これはジョセフ・フラーとマンジャリ・ラマンによるハーバード・ビジネス・スクールの「仕事の未来マネジメント」プロジェクトの報告書「やさしい企業」で強調されている。[3] こうした企業が福利厚生として採用できるような商品・サービスへのニーズは高く、そこが新たなビジネスチャンスとなっている。

カスタマーは(時には)多世代

新たな長寿マーケットのドメインとして注目したいのが、旅行と継続学習だ。可処分所得の多い高年齢層には、テーマを持って学ぶ旅に孫と参加したい人も多いはずだ。この場合には、参加者兼旅費負担者の祖父母だけでなく、孫の親へのマーケティングも必要になる。子の親としては、子どもが本当に楽しめる内容なのかを知りたいし、何なら自分たちも参加したいだろう。祖父母、親と世代ごとに異なるマーケティング手法が必要となるし、販促の経路も各世代で変える必要もあるかもしれない。

家族が複数世代で使うことを想定した製品には、どの年齢層でも使える仕様が求められる。たとえば、家族の歴史を記録してレガシーとして共有しながら、認知症ケアにも役立つMemoryWell（メモリーウェル）のツールなどには、子どもから老齢まで使いやすいＵＩ（ユーザー・インターフェース）が必須である。

カスタマーはステレオタイプに（ほとほと）うんざりしている

ピュー・リサーチ・センターとＡＡＲＰによる２０１９年の調査では、広告ビジュアルで高齢者は敬遠され、使われても戯画化されがちで、実際の姿とは異なるステレオタイプが流通し、高齢層の消費者に対するエイジズム（年齢差別）が助長されている、と指摘されている。[4]うちの会社には関係ない話だよ、と思うかもしれないが、次の75歳以上向けの調査結果データを見てほしい。

- 老人だと自認しているのは35％のみである。
- 約73％は企業に見下されていると感じている。
- 約65％は、企業が高齢カスタマーを軽視していると考えている。
- 約80％が、企業は自分を尊重したマーケティングをしていないと答えている。

フォトショップで加工されたモデルの画像が流通しているために、若い女性の見た目への期待値が現実離れしている問題はよく知られている。これと同様に、高齢の人は「年寄りっぽいこと」をしているんでしょう、という思い込みが、マーケティングや広告業界に蔓延しているのだ。

さらに問題なのが、高年齢層の人びとが実際にやっていることについて「年寄りはそんなことはしない」と思い込む態度だ。広告代理店やクライアントが「加齢」の描き方をアップデートすれば、長寿カスタマーへのマーケティング、顧客獲得のプロセスは劇的に変わるはずだ。AARPはストックフォトのゲッティ・イメージズと提携して、高齢のビジネスマンが事業運営をしている画像、バスケットボールをプレイする画像、若い世代と一緒に楽しく過ごしているシーンなど、ポジティブな印象の画像を増やす取り組みを行っている。

ＩＴも、マーケティングでのエイジズムに陥りやすい要注意ポイントだ。世間が思う以上に、高年齢層はＩＴ技術を使いこなしている。２０１７年のピュー財団のレポートでは、「高齢消費者によるＩＴテクノロジー利用の増加」が報告されている。[5]

高齢者のインターネット利用は過去10年で大きく変化した。ブロードバンドへのアクセスは当然となり、半数以上がスマートフォンを所有してＳＮＳを利用している。もちろんキャリアにブランクのある人が再就職する際には、ＩＴリテラシーを補う必要があるだろうが、高年齢層のＩＴリテラシーは総じて予想以上に高い。何より注目すべきは、新たなテクノロジーを使う意欲が旺盛な点だ。新型コロナ感染症の流行も相まって、Zoomでのコミュニケーションや食品のネット購入など、高齢者は他の世代と同様、意欲的にＩＴを使いこなしている。

高齢者への販促チャネルや販路にネットを活用しない、あるいは商品・サービス設計にＩＴを組み込まないのは、マーケターとして間違っている。イノベーティブなマーケターであれば、高年齢層のＩＴリテラシーと好奇心を信頼して、彼らへのアクセスにオンラインを活用するべきなのだ。

（常に）良いプロダクトデザインを

製品デザインと、それを受けた製品マーケティングには、常にエイジズムが忍び寄る。こうした偏見のせいで、高齢のカスタマーは企業に見下されていると感じ、顧客として軽視されている印象を持つのだ。

高齢者向けに作られた製品と、実際に求められているものとの間のミスマッチは深刻だ。そのギャップを埋められれば、大きなビジネスチャンスになる。

シニア向けの商品には、たとえ便利でも複雑な感情が湧いて使いたくないと感じるものも多い。たとえば、補聴器を使えば快適になる人のうち、実際に補聴器を求めるのはほんの２割だ。緊急時に自動で救急を呼べるウェアラブル端末を利用しているのは、65歳以上のわずか２％である。持っていても使いたがらない人も多い。

何より、さまざまなステージで人生を満喫している健康な大人たちは、自分を老人だと思っておらず、高齢者向けの商品には興味がない。中には実際に役立つものもあるのだが。高齢者向け製品が不人気である一因はプロダクトデザインだ。高齢者不在で設計が行われることは多い。ターゲットを考慮して商品設計を行うのは常識だが、プロダクトデザイナーやマーケターは常に年齢ばかりを考えていて、ステージの観点が欠けている。たとえ設計プロセスで高年齢層を参加させたとしても、あくまで「高齢者」としてであって、年齢以外のステージや個性はまったく考慮されず、個人として尊重されることもない。

そうやって「高齢者向け」の製品・サービスを設計しても実際のターゲットには響かず、企業は途方に暮れる。売れない理由は、ターゲットが自分を高齢者だと思っていないからだ。たとえ高齢者の自覚があったとしても、「高齢者向け」の製品をわざわざ買いたくはない。

「プロダクトデザイナーの多くは、高齢者マーケットの需要を理解しているつもりでいたが、消費者が年寄りくさい商品を避けるという事実をあなどっていた」と指摘するのは、マサチューセッツ工科大学（ＭＩＴ）エイジラボ創設者兼ディレクターで、高齢者向けデザインの第一人者であるジョー・コフリンだ。[6]

多彩なステージにいるさまざまなタイプの消費者の欲求と、企業が彼らにむけて設計、製造、販売する商品とのギャップは大きく、ここを埋めることができれば、特大のビジネスチャンスとなる。こうした長寿時代のプロダクトデザインとマーケティングについて、ベストプラクティスはすでに生まれている。

【1】カスタマーが欲しいデザインになっているか？

高齢者向け製品のデザインといえば「大きい、色が地味、退屈」というのが定番だが、これではは「老人向けです」と言っているようなものだ。その商品を使うのは、カスタマーにとっては「私は老人向けのものを使っています」と世間にアピールするのに等しい。継続学習や再生のステージにある大人たちは、クールでおしゃれなものを買いたいと望んでいるし、個性の表現を重視している。何より、自分は年寄りではないから高齢者向け商品のターゲット外だと自認している。

キッチン用品・調理用具のOXO（オクソー）を例に考えてみよう。OXOの製品は関節炎があっても使いやすい。関節炎は高齢者に多く、元気な人でも発症する。OXOの製品にはたいてい大きなラバーの持ち手がついていて握りやすい。同社のキッチン用品のラインは、料理をするどんなタイプの人にも魅力的で、どこのキッチンでも好まれる人気ブランドとなっている。

【2】マーケティングで勝つためのステルス・デザイン

長寿マーケット向けの製品設計において、高年齢層向けの機能を強調したデザインとマーケティングを行うことは、典型的な誤りだ。

加齢に伴う身体・感覚の変化は個人のステージとは無関係に起きるため、そこを考慮した製品設計は望ましい。たとえば、視力や色彩認識が低下すると、スマートフォン画面の小さなフォントや低コントラストの配色は読み取りが難しくなるため、対応は必要だろう。

だからといって、カスタマーは身体の衰えに対応した機能ばかりを気にしたいわけではないし、そもそも自身の衰えを意識したくないものだ。マーケティング上は、「指先の動きが衰えた人に便利」と喧伝するのではなく、製品の感覚的な魅力やその他の機能をアピールすべきだ。

このステルス・アプローチの好例が、第4章で紹介したナイキのシューズ、クルーザーワンだ。同社は「高齢ランナー」ではなく、「生涯現役のアスリート」に焦点を当てた。このシューズには、バランスを助けるソール、クッション性の向上など、高年齢層に役立つ多くの機能が盛り込まれていた。しかしナイキは、その機能を前面に押し出さなかった。それをやると、コフリンの言うように、カスタマーは「年寄りくさいスニーカー」から一目散に逃げてしまうだろう。そうではなく、同社は、カスタマーが好きなこと——走ること——を続けられるシューズとして売り出した。[7]

もしあなたが、指先の動きの衰えに対応したスマホのUXや、幅広い体型をサポートするアパレルのデザインをしている場合、その機能自体は長寿カスタマーに有益だが、そこを売りにする必要はない。それよりも、洗練されたUXや、トレンドの色や柄を訴求すべきだ。

【3】多世代・複数ステージ向けのデザインならうまくいく

ステージの異なる若い人向けの商品設計の場合にも、長寿マーケットを意識したデザインは可能だ。その機能を目立たせないステルス方式なら特にうまくいく。たとえばUIをデザインするとしよう。乗用車に搭載するタッチスクリーンを若年層向けにデザインする。その際に、色のコントラストを強め、新鮮でおしゃれに見える大きな文字を使っておく。これならトレンド感も出しながら、長寿カスタマーの一部の層にもアピールできる。文字は大きくないと不便だが、それでいてクールで見栄えのいいタッチスクリーンを求める層は存在するのだ。

あるいは、そもそも多世代向けの製品・サービスとして売り出したい場合もあるだろう。オフィス用品・サービス領域について考えてみよう。什器から、打ち合わせスペース、オンライン会議のＩＴ技術、社内ネットワーク、シェアオフィスのサービスまで、５世代の人材が社内にいれば、複数世代に魅力的な商品・サービスを再発明するチャンスは無限にありそうだ。

また、世代の移行について検討してもいいだろう。たとえば、「経済基盤の確保」のステージから起業に踏み出そうとしている若いカスタマーがいたとしよう。このカスタマーがどんなステージ移行をした場合に、自社商品へのニーズがなくなるだろうか。世代やステージが移行してもこのカスタマーをつなぎ止めておくために、自社は何をすべきだろうか。

たとえば、エクササイズ用衣料が人気のアパレルブランドならば、高年齢層向けに新たなサイズ展開や着脱しやすい機能を検討する一方で、ブランドとしてのカラーやスタイルは変えずに維持するべきだろう。人工股関節や膝の手術を受けた人向けのファスナーの設置、センサーの搭載も考えられるし、自転車用ウェアにポケットをつけて携帯電話や鍵を出し入れしやすくするなど、機能の追加も考えられそうだ。

カスタマーは（基本的に）獲得が難しい

長寿マーケットで失敗する企業の大半は、顧客獲得でつまずいている。顧客獲得戦略は長寿マーケットで最大の難関だ。これにはいくつかの理由がある。

第1に、顧客獲得コストが、従来の18～34歳の層より高くなりがちだ。ここが高くなる一因には、医療領域と関連が深いことが挙げられる。先述のとおり、ユーザー、支払者、購買決定者が複数にまたがり、複雑であるため顧客獲得戦略が難しい。

第2の理由として、顧客獲得に最適な経路選びが難しいことがある。カスタマーのステージに合わせて接触方法も変える必要があり、既存の年齢別のアプローチとは違う戦略が必要になる。ダイレクトメール、メール、Facebookによるアプローチは他の層と比較して効果が高い。主要SNSの中ではX（旧Twitter）やInstagramよりも、依然Facebookが効果的だ。50～70歳はFacebook広告への反応が良い。この年齢層のユーザーの約15％が、週10時間以上Facebookを利用している。もちろん、こうした接触経路で効果を上げるにも、ステージへの理解は必須だ。年齢セグメントでわかるのは、どのSNSを使っているかまでで、相手がどんなメッセージを聴きたいかは、年齢からはわからない。

私が行ったインタビュー調査では、新製品・新サービスについて、高齢者は信頼できる情報源からの情報取得を好むことがわかった。これは研究でも実証されている。[8]

ナイキの生涯アスリート向けシューズ、クルーザーワンの広告には、同社の創業者であり、現役のアスリートとして同志であるフィル・ナイトが起用されている。彼こそが信頼できる情報源だからだ。

コロナ禍にはワクチン接種率を高めるために、各コミュニティの内部で信頼されている人がワクチンの安全性を語り、「自分も接種した」と伝える施策がとられた。年齢を重ねた消費者は騙されることへの警戒心が強く、目が肥えている。だからこそ、高齢者マーケティング戦略において信頼は非常に重要な役割を果たすのだ。

第3に、そしてここが重要なのだが、大半の企業が、消費者直接販売モデル（B2C）一本槍でマーケットに飛び込んでから、実は、B2BやB2B2C、場合によっては公共セクターも含めた、より細かい戦略の方がうまくいくことに気づく。第4章で紹介した在宅介護のHonorもそうだった。Honorは新たな地域へ進出するごとに、参入戦略を変更する必要があった。B2Cの顧客獲得では、契約可能な地元の介護士や小規模介護事業所の複雑なネットワークに関する知識が必要だった。

その地域について理解できたとしても、直接契約してくれる介護士を1人ずつ見つける作業はとても煩雑で効率が悪かった。介護士への直接営業を何年も行ったのちに、Honorは事業方針を転換して、在宅介護事務所と提携し、各事務所の介護士にHonorのビジネスモデルに沿って動いてもらうよう研修する仕組みに変えた。この戦略転換で同社は成長できたのだが、そこまでの試行錯誤は苦い教訓となった。

自宅介護者の共倒れを防止するためのレスパイトケアをB2Cで提供していたMon Ami（モナミ）も、2020年3月のコロナ禍以降、事業戦略の見直しを余儀なくされた。[9] 2018年にスタンフォード大学ビジネススクールの卒業生2人が起業した同社は、エイジング・イン・

プレイスを実践している家庭に大学生を派遣し、その間、家族介護者が休めるようにするレスパイトケア事業を展開していた。

当初、Mon Amiのカスタマー（取引先）は、大学生と家族介護者だった。コロナ禍でこのB2C型の事業モデルは危うくなったが、そこでMon Amiは適応した。対面での訪問をすべて取りやめ、既存カスタマーに向けてバーチャル訪問の仕組みを立ち上げたのだ。この方法ならより多くの人びとにリーチでき、食料品や医薬品の配達サービスなど他のサービスも追加できる。そこに気づいた同社は、瞑想アプリ、オンライン・エクササイズのクラス、音楽演奏などもメニューに追加した。

コロナ期間に急速に事業を拡大した同社は、新たなタイプの取引先を獲得する。サンフランシスコ市である。行政との大規模契約により、同社はB2Bの顧客サポート体制、営業戦略が必要となったが、市の福祉機関を通じて、さらなる顧客獲得の道も開けた。

現在、Mon Amiは、全国の高齢者福祉局や高齢者支援団体に向けて、被介護者と支援を管理するソフトウェアを販売している。これもまた、B2C専業だった長寿ビジネス企業が、より複雑な顧客獲得戦略へと事業をピボットさせた好例だろう。

カスタマーは（実際に）お金を使える

現在のマーケティングには非常に奇妙なパラドックスがある。あまり消費していない層に向けて、大量の資金を注ぎ込んで製品・サービスを開発・販売しているのだ。

米国では、消費支出の半分以上、世帯資産の83％を担うのは50歳以上の層だ（この数字は今後も上昇すると予想されている）。マッキンゼー・グローバル・インスティテュートは、2030年の全世界の高齢者数は、2015年の1億6400万人から5000万人以上増加の約2億2200万人と予測している。都市部での消費量の増加のうち半分以上は高齢者によるもので、4兆ドル以上と見られている。[10]

長らく続いた旧来の人口構成は変化し、長寿カスタマーが消費の大半を握るようになる。この変化に企業も合わせざるを得ないだろう。マッキンゼー・アンド・カンパニーによると、消費財など大半の業界は19〜60歳のカスタマーのみをターゲットにしており（多様なステージが考慮されていないのは言うまでもない）、長寿カスタマーのニーズと細かいニュアンスは軽視され、ほとんど理解されていない。[11]

こうしたカスタマーは、多くの企業にとって存在しないことになっているのだ。とはいえ、たとえば本章の冒頭で紹介したモニカ（「再生」ステージの起業家）の資産額は、一般的な35歳の5倍である。企業にとっては優良顧客になりそうなモニカのような人が、どうして「企業から見下され、軽視されている」と感じなくてはならないのだろう。

もちろん、このマーケットの全員が裕福なわけではない。長寿カスタマーの経済状況には複雑な要素が影響している。高齢者の半数近くは社会保障がなければ困窮している層であり、実際の貧困率が10%に留まっているのはセーフティ・ネットのおかげだ。[12]

高齢者の大半では、寿命と健康寿命の伸長により、健全な経済状態を維持することへのプレッシャーが高まっている。寿命・健康寿命が長くなった分を賄うために、大半の高齢者は抜本的な解決策を必要としている。特に、高齢者が自宅で老後を過ごせるよう、住宅領域のイノベーションは緊切の課題だ。

米国の年金制度が確定給付型から確定拠出型へ移行したことにより、高齢者の経済状態の見通しはさらに悪化している。拠出してきた掛金によって給付額が変わるため、現在の年金制度は新たな不平等を生み出している。だが、こんな状況でも、高齢者が資産を増やし、どう貯蓄を取り崩していくかの選択肢をきちんと検討できるようサポートするところに、金融サービス業のビジネスチャンスはあるはずだ。

また、メンターや労働力として高齢人材を採用する企業は、高齢者の経済面での幸福に寄与しながら、貧困の拡大を防ぐ点で社会貢献を担っている。学生と高齢者をペアにして、高齢者の孤独や生活費の問題を解決し、若年層に手頃な住宅を提供する賢明な企業も出てきた。

ユーザーが自費で払うとは限らない

ここまでエンドユーザーが購買者である場合の話をしてきたが、長寿マーケットにはさらに3タイプの支払い顧客（カスタマー）が存在する。雇用主、メディケア・アドバンテージ、そして医療保険（エンドユーザーでない場合）だ。

企業では、多くの従業員が抱える課題をサポートすべく、介護給付などの福利厚生を提供するケースが増えている。こうした介護関連の福利厚生の充実によって、優れた人材の採用、定着率の改善を目指すとともに、従業員のメンタルヘルス、生産性、勤怠状況の改善の効果も狙っている。Wellthy、Homethrive（ホームスライブ）、Care.com（ケア・ドットコム）、CareLinx（ケアリンクス）などの支払い顧客は企業であり、カスタマー企業の従業員に対して介護コーディネートを提供している。企業は従業員に対して幅広い福利厚生を提供しており、健康寿命の伸長につながる体力づくりの補助、生涯学習の費用負担、資産計画のサポートなどもある。寿命、健康寿命の伸長につながる長寿化時代の福利厚生の充実が見込まれ、そうした新製品・サービスの需要が伸びるだろう。

米国の長寿マーケットでは、メディケア・アドバンテージ・プランは支払い顧客として重要な位置にある。メディケア・アドバンテージ・プランは、メディケアと契約している民間企業が提供するメディケア・ヘルス・プランの一種で、ユナイテッド、ヒューマナ、シグナなど従来型の医療保険会社が提供するものだ。各社が新サービス・商品を導入して加入者獲得競争を繰り広げている。第4章で述べたWider CircleやBoldへの加入などの特典を提供しているプランも多く、メディケア受給者全体の3分の1以上がメディケア・アドバンテージ・プランを選択している。

長寿マーケットの支払い顧客は、個々のメディケア・アドバンテージ・プランであり、その加入者がエンドユーザーだ。２０１８年と２０１９年には、加入者に提供できる特典の範囲が、疾病管理予防センターによって拡大された。この動きにより、メディケア・アドバンテージ・プランは長寿マーケットにおける支払い顧客として存在感を増し、サービス・製品の重要なカスタマーとなっている。

こうなると、受益者である個人がメディケアのプランを選ぶ際には、付帯特典の価値も検討する必要が出てくるため、選択が難しくなる。そこで、最適なメディケア・アドバンテージ・プランの選択をサポートする新ビジネスも登場している。

同様に、医療保険も新タイプの長寿カスタマー（支払い顧客）となっており、製品・サービスを医療保険に直接販売する事例が増えている。

こうした支払い顧客（雇用者、メディケア・アドバンテージ・プラン、医療保険）へのマーケティングでは、独特の販売サイクルを踏まえる必要がある（第6章参照）。

「カスタマーの実像」を見極めて自分の仕事に生かす

長寿化は多様なカスタマーを創出する新たなビジネスチャンスだという知識は武器になる。長寿化や高齢者は負債ではなく、むしろ経済成長の牽引力なのだ。また、長寿マーケットでは、医療福祉領域の製品・サービスと同様、顧客獲得が複雑なケースが多いことも理解できただろう。こうした販売・流通チャネルの課題については次章で論じたい。

高齢期とされる時期は人生の30～40年にわたり、ステージも多彩だ。幅広い長寿カスタマーに向けて、これまた多様な製品・サービスを販売するには、効果的な販売手法を選ぶ必要がある。長寿カスタマーをよく理解して事業を大きく成長させた企業は増えているものの、まだ手つかずの要素も多い。事業成長を通じて社会に強い影響を与えたい、という起業家精神があるならば、チャンスは無尽蔵だ。

やれていないことはまだまだあり、地ならしが必要な段階だ。長寿カスタマーをターゲットにする際は、単に年齢だけを見たマーケティングやエイジズム的な戦略は絶対に排除しよう。[13]
長寿マーケットの複雑なニュアンスと活発なカスタマー基盤を理解したあなたなら、エイジズムや、延々と続いてきた時代に沿わない雑なやり方を捨てて、次に進めるはずだ。
高齢者に尊厳と敬意をもって接し、彼らが望む形でサービスを提供するのは良いことだ、というだけの話ではない。そうすればマーケットが動くのだから、それ以外の選択肢はありえない。これが事業成長につながる。長寿カスタマーを理解できれば、無理解な企業よりも競争優位に立てるのだ。

提言

- 長寿マーケットの消費者像は見誤りやすいので気をつけよう。これは医療・保健市場の特殊性も一因だ。長寿マーケットでは、購入者とエンドユーザーが異なる場合も多い。
- 長寿マーケットのカスタマーには9種類あり、製品・サービスのエンドユーザー以外が消費者になることも多いのを覚えておこう。
- 購入の意思決定をするのは誰かを考えよう。介護関連の商品・サービスを設計する際には、介護を受ける本人だけでなく、娘、義娘、その他家族や親しい知人もターゲットとなるだろう。
- 多世代のカスタマーに訴求できないかを考えてみよう。
- マーケティング戦略の策定時には、顧客獲得の課題にきちんと向き合うこと。

- 長寿ユーザー「向け」ではなく、エンドユーザーと「共に」デザインすること。彼らを排除せず中心に置いた製品・サービス設計のために何をすべきだろうか。
- 年齢がごちゃ混ぜの多世代チームは、同質的なチームより優れた成果を出せる。
- 顧客獲得戦略からエイジズムを排除すること。年齢差別的な表現はやめよう。

第6章

チャネルの課題に取り組む

Tackling the Channel Challenges

長寿マーケットで成功するには、チャネルの見直しが必要となる。既存の集客チャネル、販売ルートのままでは効果は出づらい。この成長市場で続々と誕生するスタートアップ、新製品、新サービスのためには、新たな集客・販売のプラットフォームが必要だ。文筆家ダニエル・ピンクが言うように、「条件が再配備されたら、ナビゲーションの刷新が必要になる」[1]。非効率なチャネルは見直し、このマーケットに合うプラットフォームを新たに構築しよう。そこから新たなビジネスチャンスも生まれるはずだ。

以下の人たちについて考えてみよう。人生のステージは異なる3人だが、共通点がある。それが何か考えてみてほしい。

72歳のタルンは「方向転換」のステージにいる。自身のキャリア追求路線から移行して、今後は若い人と働いて、これまでの恩を次世代に送りたいと考えている。指導歴はないけれど、実務のノウハウを次世代と共有したいのだ。また、趣味の木工でも技術を後進に伝えたいと望んでいる。

45歳のマイのステージは「経済基盤の確保」と「子育て・家族」だが、「終活」ステージにある母親の介護をしており、「介護」ステージでもある。ある日、マイは母親の付き添いで病院に行き、酸素吸入器と取扱説明書を持って帰ってきた。母娘とも吸入器を使ったことがないため、実家から自宅に戻るのが遅れ、娘を誕生日パーティーに送るのが遅くなった。

ドンは80歳。ステージは「移行」と「方向転換」だ。最近妻を亡くし、子どもと同居せず一人暮らしをしている彼は、今後の住まいを考える必要に迫られている。医師として勤め上げたドンは、医療の現場と離れているのが寂しく、住み替えた先では何か有意義な活動に参加したいと望んでいる。ドンは今も健康で、人生の転機をうまく進めたいのだが、何から始めていいのか見当がつかない。

長寿マーケットに属する3人の状況はそれぞれ異なるが、課題は共通している。状況をうまく進めるための手段にアクセスできないのだ。

タルンはビジネスや木工のスキルを若い人たちに伝えたいのだが、マッチングの仕方がわからない。マイは、酸素ボンベを稼働させたものの、やり方が間違っていたらどうしよう、酸素が切れたらどうなるの？と不安だった。途方に暮れる中、他にもやることがあってプレッシャーを感じている。ドンは知的能力も体力も十分だけれど、今後の住まいと人生の転機の舵取りが必要だ。子どもに面倒はかけたくない。

誤解のないように言っておくと、この3人に必要なもの自体は、すでに存在している。若い人の関心に合わせてメンターをマッチングするプラットフォームは実在するし、介護の疑問を解消し介護者を支える役割は、老年期専門のケアマネージャーが担っている。また、転換期のコーチングや生きがい関連の情報を提供する企業も、住まいや施設の選択肢を比較できる住宅プラットフォームも存在している。

けれど、その成長性や将来性のわりに、長寿マーケットでは、商品・サービスの認知経路、販売経路が発達しておらず、うまくカスタマーに届いていない。まだ未整備なのだ。商品・サービスの認知経路は口コミが大半を占めている。もちろん、新たな集客チャネルとしてはSNS広告もあるし、病院のソーシャルワーカー経由や、地域の団体を通じた集客もある。問題は、それらが統合されず、バラバラに存在していることだ。

カスタマーが自分にあった商品やサービスを見つけるのは難しい。調べるのに時間も労力もかかるし、スキルも必要だ。今のステージから次へと移行する際のコンサルティングはどこで受けられるのだろう。新ステージの資金計画をサポートしてくれるサービスはどこにあるのか。高齢な親の介護のための商品・サービスをまとめて見られる場所はあるのか。あるいは、企業がB2Bで長寿関連の商品を売りたいとき、何から始めればよいのだろうか。

カスタマーが情報を取得するまでの道のりは非効率で、役立つ商品・サービスに直接アクセスできることは少ない。販売する企業の側も商機を逃している。ウォール・ストリート・ジャーナル掲載の「How to Care for Aging Parents When You Can't Be There（そばにいられない老親のためにできること）」という記事など、自力で探すための情報リストも存在してはいる。[2]とはいえ、その先は各々が、家族や介護担当者のために細かく調べる作業をするしかない。

想像してほしい。それぞれに異なる欲求やニーズを抱えた数千、数万という人を、巨大なバザールに解き放ったらどうなるだろう。各自が自力で歩き回って、質問をして、どこへ行くか自分で決めなければ、欲しいものは見つからない状況だ。購入のチャネルがあまりにも非効率的なので、売り手にたどり着ける人数は非常に少なくなる。

ここにバザールの地図があれば役立つだろう。入場前にターゲットを絞って広告を出せば効果がありそうだ。代理購入をしてくれるプロがいれば助かるだろう。他にもさまざまに方法はあるが、そうしたナビゲーション機能が、長寿マーケットには足りていない。

個々のニーズに合わせて、情報を集めて整理する機能が足りていないのだ。状況やステージを踏まえてニーズを見定めるナビゲーション機能もなければ、検索条件に引っかかる企業や商品・サービスも少なく、カスタマーを企業につなぐ機能もない。こうした機能は、ＡＩと機械学習の時代にはすべて実現可能なものだ。それに、企業側がプラットフォームを使用することで、顧客獲得コストや販売サイクルの課題を解決できたならば、商品・サービスの価格はもっと手頃になるはずだ。

現状ではワンストップの売買プラットフォームは存在せず、さまざまに異なるカスタマーへの商品・サービスの販売は難易度が高い。消費者はとりあえずインターネット検索をするけれど、検索結果はその人に合わせて整理されているわけではない。よほど頑張って上手に検索しない限り、自分に役立つのはどんな商品やサービスなのか、探し出せない。ここにチャネルの障壁がある。

企業としても、消費者に直接販売するＢ２Ｃでいくのか、その場合、どの販売プラットフォームを使うのか、あるいはＢ２Ｂで行くなら、雇用主に福利厚生として販売するのか、あるいは民間の医療保険やメディケア・アドバンテージ・プラン、メディケア、メディケイド、州や地方自治体、金融機関などのいずれかをターゲットにするのか、複数を組み合わせるのかを決める必要がある。

企業が直面しているチャネル課題の複雑さは、1つのドメインを見るだけでも明らかだ。ここでは介護ドメインについて、企業のチャネル課題を見てみよう。2021年3月、私はPivotal VenturesとAging2.0 Collectiveの後援を受けて、介護業界のCEOの円卓会議を主催した。参加企業15社でイノベーション過程での苦悩を共有し、解決策のブレーンストーミングを行った。[3] 企業が直面している障壁や課題は、主に以下のとおりだ。

- 流通チャネル：消費者への直販ルートがなく、医療ルートもうまくつながっていない。
- システム設計：専門職による介護チームのネットワークから、在宅介護を行っている家族が排除されている。
- インセンティブの不整合：介護医療制度は、無報酬で介護をしている家族の存在に依存している。また、医療・健康産業は3兆7000億ドル規模だが、その大半は疾病の治療であり、健康増進や予防医療の市場規模は小さい。
- マーケット認識：データを用いたカスタマー分析や考察が進んでおらず、カスタマーの定義すらできていない。

会議では驚くような事実が明らかになった。15社がさまざまに組み合わせて使用している流通チャネル全9種を一覧化したのだが、図にまとめるのも大変なほど複雑だった。これでは、商品・サービスを探しているカスタマーには、ますますわけがわからないだろう。

あるCEOが言ったとおり、「たとえ被介護者の家族にリーチしやすい販売プラットフォームがあったとしても、主たる介護者が購入の意思決定をするまでに、その兄弟姉妹全員に意見を聞いてまわらなきゃいけない。その間に損失が出てしまう」のである。

販路の効率化は必須だ。いくら企業がソリューションをつくっても、人びとがそれにアクセスできなければ意味がないし、収益が出なければ企業は続けられない。他領域では、もっと売り場は整理されて絞り込みやすく、買いやすくなっている。家具のECサービスWayfair（ウェイフェア）などでは、見込み客を見つけて呼び込むのが難しいせいで顧客を逃した、獲得コストが高騰した、などと気を揉まなくてよい。家具ECは、カスタマーと売り場がうまくつながっていて効率が良いのだ。

長寿ドメインのビジネスでは販促や流通経路の課題が大きい。この事実をマーケターとして意識しておこう。この課題を受けて、他社も参加する双方向のマーケットプレイスを構築することができたなら、最大の商機となるだろう。

マーケットの成長には、次の3領域の発展が重要だ。【1】消費者のチャネル、【2】SNS、コミュニティをベースとしたチャネル、【3】イノベーターや起業家とつながるチャネルの3領域について、現状をレビューし、今後のビジネスチャンスを検討していこう。

【1】消費者のチャネル

家具が欲しければ、Wayfair(ウェイフェア)など1カ所で豊富な種類を見ることができる。映画やテレビ番組なら、NetflixやHuluなどのサブスクリプション・サービスの中から選べばよい。だが、現状、長寿カスタマー向けに販売したい商品やサービスを集めたデジタル・プラットフォームは存在しない。長寿カスタマーが集う場所がないため、データの蓄積も進まず、カスタマーデータの分析も進まない。

アマゾンで検索すれば、エイジング・イン・プレイス関連の書籍は次々に出てくるし、検索を続ければ、アレクサ・ケアハブなど自宅介護関連の製品にたどり着ける可能性はある。だが、こうした商品に関心がある人には、他のニーズもありそうだ。社会的孤立への対策、介護の移行プランニング、新ステージに向けた方向転換などだ。けれど、検索で見つけた商品とは関連づけがされておらず、買い物の流れで見つけることはできない。

こうしたチャネルの課題について、企業は、まず狭いドメインやサブドメインから始めて領域を拡大するスケールアップ戦略で対処している。第4章で取り上げたPapa社などもそうだ。まず1つのドメインで顧客獲得ができれば、そのカスタマーにニーズのありそうな他の領域へと点と点をつないで消費者向けのプラットフォームへと成長し、幅広い情報やサービスを提供できるようになる。

こうしたスケールアップ戦略をとる企業は、介護やエイジング・イン・プレイスのドメイン・サブドメインに多い。たとえばベスト・バイは2018年、GreatCall（グレイトコール）を8億ドル超で買収し、長寿カスタマー向けの販売チャネルを開設した。[4] GreatCallは携帯電話やウェアラブル端末のメーカーで、ユーザーが介護をする家族とワンタッチでつながったり、コンシェルジュによるサービスを受けたり、緊急出動を要請したりできる機能を開発していた。その後、同社は事業を拡大し、Lively（ライブリー）という社名で、日々の服薬モニタリング、スマート家電などIoT関連製品、情報リソースなど、IoTを活用したイノベーティブな医療、安全サービスを提供している。さらに、緊急時の通報システムとして始まったベスト・バイ・ヘルスは遠隔医療サービスへと拡大し、エイジング・イン・プレイスのための幅広いサービス・プラットフォームとなった。

他のプラットフォームでも同様の展開が見られる。たとえば、Seniorlyは、高齢者向けの住まいを、場所や要件（レスパイトケア、介助、認知症介護、自立生活支援など）で検索できるオンライン・プラットフォームを提供している。よくある疑問やつまずきポイントへの解説、お役立ち情報、コンシェルジュ・サービスの情報も満載だ。A Place for Momも同様にプラットフォームとして成長している。第4章で説明したCakeも、ドメイン特化型のプラットフォームだ。

介護と医療関連領域は、長寿マーケットの中でも最も開発が進んでいる領域なので、当然、プラットフォーム開発でも先行している。とはいえ、この領域ですら、消費者との双方向型のチャネルは不完全だ。先述のマイは、母の介護で酸素ボンベを家に持ち帰ったが、適切なチャネルにつながれたら、もっと安心できたはずだ。介護ナビゲーターが、装置のセットの仕方や、ボンベの交換方法とタイミングを教えてくれて、「うまくいっているから母親は大丈夫だ」と言ってもらえたら、マイはどれほど助かっただろう。けれど、介護ナビゲーターとは何なのかを知らず、どこでどうやって探せばいいのかもわからなければ、利用できない。介護ノウハウの情報サイト内で介護ナビゲーターも検索できるような仕組みは未発達で、現状は、主に地元のつながりで探すしかない。酸素吸入器に限らず、マイが困っている内容に関連して、母親に必要な他の製品・サービスの情報も出てくればよいのだが、そうはなっていない。

さらに、制度が障壁になって、チャネル課題の難易度が増すこともある。特に医療制度の穴や、介護のエコシステムの複雑さは障壁となりがちだ。商品特性とターゲットユーザーの状況によって、どのチャネルが適切かも異なる。B2Cではなく、業者と提携してB2Bで顧客へのリーチを拡大し、サービス構成、対象地域、カスタマーサポートを広げていくのが正解の場合もある。

現在、米国の長寿関連の製品・サービスでよく使われるB2Bのチャネルとしては、メディケア・アドバンテージ・プランと企業の福利厚生プログラムが挙げられる。企業がこの2つを使う場合、販売サイクルの長さが問題となる。通常、メディケア・アドバンテージ・プランの営業は、10月から12月の登録期間に向けて、その年の1月にスタートする。また、法人向けの営業では、社内での検討・承認を推進してくれる人がクライアント内部にいないと進まないことが多く、商品・サービスの良さを従業員に理解させるスキルが必要になる。売り手と買い手が集う双方向型のマーケットプレイスができれば、こうした課題は解決できそうだ。

介護や終末期ケアの領域に限らず、消費者のための総合マーケットプレイスはビジネスチャンスになりそうだ。介護や介助がまだ必要なく、伸長した健康寿命を満喫している人向けのマーケットも急成長しているが、そこではどうだろう。教えたい、メンターになりたい、趣味に熱中したいというタルンのような人はいる。そのためのプラットフォームもいくつか出てきてはいるが、まだ普及していない。タルンが必要な商品・サービスを見つけることも、企業が消費者としてタルンを見つけることも、まだ困難なのだ。

各ドメイン・サブドメイン内で消費者のチャネルを統合するのもビジネスチャンスになるが、

さらに複数のドメインを統合すれば大きなチャンスになると私は考えている。たとえば、60歳から100歳以上まで、健康に歳を重ねるための計画に役立つプラットフォームを想像してほしい。何より、自分が今後経験するであろうステージをあれこれと想像してみることだ。継続学習、方向転換、移行、仕事、新会社の立ち上げ、ITリテラシーの常時アップデート、複数の所属コミュニティを見つけること、自伝の執筆、相続や遺贈の準備など。それぞれをサポートしている素晴らしい企業や組織はあるが、ターゲットの大多数は存在を知らないため、見つけるのも難しいし、企業の側としても潜在カスタマーをうまく探せていない。

複数のドメインを統合する目的は、カスタマーに必要なものをより多く1つの場所に集め、スマートに整理して、見つけやすくすることだ。長寿時代のニーズに対応した地図を提供すれば、あらゆる段階のカスタマーをナビゲートすることができる。

【2】SNS、コミュニティをベースとしたチャネル

SNSは長寿マーケットでも大きな力を持つようになっており、それは今後も続くだろう。高齢者はIT嫌いのテクノロジー恐怖症だという見方は大間違いで、ステージを問わず、彼らはSNSを積極的に利用している。企業が彼らのためのコミュニティをつくれたなら、集客チ

ャネルの課題も大いに改善するはずだ。特定のステージ限定のコミュニティにも、総合プラットフォームにも可能性はある。

　こうしたプラットフォームは、人と人をつなぐ手段として始まることが多い。前章で見たように、人をつなぐこと自体がこのマーケットで必要とされているサービスだ。エイジング・イン・プレイスの実践や、再生ステージなどでは特につながりへのニーズが強い。そうしたプラットフォームを発展させて、情報レポジトリや商品売り場の機能を持たせることもできるし、販促・流通の新たなチャネルにもできる。

　高年齢層の多くがFacebookを使っており、巨大なオンライン・コミュニティが存在することはよく知られているが、Facebookコミュニティ以外にも、実に多彩なコミュニティが存在している。たとえば、ＮＯＲＣ（自然発生的リタイアメント・コミュニティの頭文字）だ。聞いたことがない人もいるだろうが、実在するリアルなコミュニティで、可能性に富んでいる。[5] ＮＯＲＣは、高齢者が多く住む集合住宅や住宅群である。計画的に作られたコミュニティではなく、時間の経過とともにできたものだ。高齢になっても施設に入居せず自宅で暮らす人が増える中、ＮＯＲＣも増加している。多くのＮＯＲＣでは、非営利団体が中心となって高齢者の自立支援、社会的孤立の解消に取り組み、食品の配送、健康づくり、交流活動、交通サポートなどを行っている。企業としては、あちこちに点在するカスタマー個人を追うのではなく、コミュニティ全体——既存の有機的な社会ネットワーク——をターゲットにできる。

ブルーゾーンも注目すべき現象だ。研究者のダン・ビュイトナーは、長寿者の多い地域や都市を調査し、ブルーゾーンと呼んだ。米国のマーケティング界ではこの言葉が一人歩きしている。食品からスキンケアまで、いわゆるブルーゾーン商品が店頭に並び、長寿や健康寿命を延ばすための商品として宣伝されており、ブルーゾーン組合は消費財の情報プラットフォームとなっている。[6]

ハワイでは、ブルーゾーンは、誰もが健康的な選択をしやすくなるよう支援するコミュニティ全体の福祉向上プロジェクトとして運営されている。「地域全体が参加すれば小さな変化でも全員のためになる」という思想に基づいて、医療費削減、生産性向上、ＱＯＬの改善などに取り組んでいる。

健康プロジェクトの多くが、食事や運動に重点を置いているのに対して、ブルーゾーンでは、地域の環境を総合的に変えることで、個人が自分の意思で健康的な選択をできるような支援に力点が置かれている。自治体の政策、建物の設計、そして社会的ネットワークという心理的チャネルを通じて、住民のウェルビーイングを向上させるという体系的なアプローチなのだ。

自治体の中にも、地域社会とオンラインのプラットフォームをつなげて公衆衛生や健康維持を推進する動きが出ている。マサチューセッツ州、ニューヨーク州などでは、アクティブ・エイジングのための官民協業が進んでいる。[7]世界保健機関（ＷＨＯ）によるアクティブ・エイジングの定義は「人びとが歳を重ねても生活の質が安定するように、健康、参加、安全の機会を最適化するプロセス」だ。[8] 第5章で紹介したMon Amiは、こうした行政の取り組みのための技術的サポートとソフトウェア提供を行っている。

マネージドケア事業（医療費抑制のための健康推進事業。健康保険組合、保険会社など）でもソーシャル・プラットフォームへの参入が続いており、見過ごされがちだが、製品・サービスの販促チャネルとして期待される。こうした事業者には、予防医療を核にして各種サービスを統合・展開することに経済的インセンティブがある。

病院経営も行う医療保険組織、カイザー・パーマネンテは、加入者向けに幅広いオンライン・サービスを提供している。医薬品外の商品・サービスの割引情報、住み替え、自宅での自立生活、介護、さまざまな加齢の悩みに対する情報、服薬管理機能などだ。

同様に、メイヨークリニックは、在宅の患者への包括的で細やかな医療とケアを目指して、新たなＩＴプラットフォームを構築した。患者はこのプラットフォームを通じて必要な商品・サービスにアクセスできる。[9] 消費者中心に設計されたモデルだが、流通チャネルとしても活用できそうだ。

このようなコミュニティを基盤としたＳＮＳチャネルや消費者のチャネルは、情報の窓口になっているが、一般的な認知度はまだ低い。こうしたチャネルへの消費者のアクセスを増やすべく、改善を行うべきだ。そうすれば企業としても、情報や製品・サービスの流通チャネルが確保できる。これらの各チャネルを通じて、全18ステージの中から自身のステージや、自社カスタマーのいるステージにアクセスできると想像してほしい。ウエディングギフトならZola（ゾラ）を見ればいいのと同じように、自分のステージに関連する商品・サービスが一カ所で見つかるのだ。

【3】イノベーターや起業家とつながるチャネル

イノベーターとして、スタートアップ関連情報をPitchBook（ピッチブック）、Crunchbase（クランチベース）、CB Insights（CBインサイツ）などのデータベースでチェックしている人であれば、介護や在宅ケア、老化対策のベンチャー企業の情報を見たこともあるだろう。こうした起業家の側も、潜在カスタマーとつながる方法を求めている。データベースで「長寿企業」と検索すると、延命のためのバイオ医薬品や精密医療開発のスタートアップが多く出てくる。

その一方で、広義の長寿マーケットで急伸するビジネス情報は、あまりに少ない。自身を高齢者だと思っていない人びとも含む全18ステージに向けた長寿マーケットのスタートアップ情報はほぼ見当たらないのだ。レジャーや旅行、セカンドキャリア、学び、コミュニティ形成など、本書で紹介した多数のドメインでの起業について、起業家のエコシステムにおけるプレゼンスを向上させるべきだ。

新たなプラットフォームが登場し、長寿マーケット各領域でのイノベーションを支援する動きも出ている。こうした取り組みやベンチャー投資家がイノベーションのハブとなって、長寿カスタマーへとその成果を届けることになるだろう。Netflixは映画の、Wayfairは家具の領域でチャネル課題を解決したが、健康な加齢と長寿の領域でもチャネル課題の解決が必要だ。

たとえば、AARPのイノベーション・ラボHatchery（ハッチェリー）は長寿カスタマー向けの製品・サービス開発を支援している。買収や投資対象になったスタートアップの製品・サービスには、AARPの認証ラベルをつけて流通支援も行う。ラボが目指すのは起業家コミュニティを支援して、50歳以上向けの大胆なサービス、製品、ソリューションを創造することだ。シリコンバレーのようなイノベーション・チャレンジの大会や、賞金つきのライブ・ピッチも主催している。他のアクセラレーターとも提携し、さらに近年は、AgeTech Collaborative（エイジテック・コラボラティブ）も立ち上げて、長寿領域のスタートアップへの投資、支援をするとともに、イノベーションを実地でテスト運用できる団体と結びつける活動も行っている。

Aging2.0 Collectiveは、エイジング関連のイノベーションの活性化、育成のための国際団体だ。８年、80カ国以上のデータを蓄積しており、このプラットフォームを利用する企業は２０

00社を超えている。各地域に派遣されマッチング支援を行う120人の担当者によって、データベースは支えられている。あえて国際的なプラットフォームにしているのは、人口の少ない国でイノベーションを開発する企業に、米国を含む新たな販売網を提供するためだ。

英国を拠点とするAgeTech Accelerator（エイジテック・アクセラレーター）は、長寿関連領域として、各種の加齢対策医療のほか、アパレル、交通、遺贈、学習など36領域を指定し、それらに取り組む1000超のスタートアップを以下の3カテゴリーに分類している。[10]

- 成熟領域だが牽引力に欠ける、あるいは統合が必要な領域に取り組む企業
- 現在成長中の領域に取り組む企業
- 市場のギャップや今後の発展に取り組む企業（在宅診断、感覚補助、強化食品・飲料、移動支援、ロボット工学など）

第4章でも述べたが、直近の取り組みとしては、2020年にPivotal Venturesとの提携でTechstars Future of Longevity Accelerator（テクスターズ・フューチャー・オブ・ロンジェビティ・アクセラレーター）が設立され、介護者と被介護者のためのソリューション開発に特化した3年のスタートアップ支援プログラムが提供されている。さらに、家族のニーズの変化に合わせたソリューションの実行や介護マーケットの柔軟化に取り組む団体や自治体の支援、介

護のための有給休暇を法制化するための政策活動も行われている。[11]

消費者向けプラットフォームやＳＮＳも含めたコミュニティの構築に加えて、イノベーションのプラットフォームが発達すれば、製品・サービスの売買はより効率的になり、事業拡大や収益化の障壁である顧客獲得コストを削減することができる。何より、人生１００年時代を生きる何百万、何千万もの人びとの生活をより良いものへと変えられるのだ。

エンドユーザーへのアクセス手段として既存のプラットフォームの活用を推奨したが、ＹＭＣＡ、ＹＷＣＡなどの既存のコミュニティ組織もサービス・製品の流通プラットフォームと捉えて、活用できそうだ。オンラインでも対面でも可能だ。こうした会員組織は多世代コミュニティなので、複数世代に役立つサービスの提供チャネルとして活用できるだろう。

見てきたように、各所で進展はあるものの、長寿やヘルシー・エイジング関連の製品・サービス全般をワンストップで提供するような流通・販売チャネルは存在していない。だからこそ、消費者、ＳＮＳ、コミュニティ・ベースのプラットフォームなど既存のプラットフォームを統合し、長寿カスタマーがアクセスできるようにすることが何より重要だ。これができれば、企業は流通、集客のチャネル課題が解決できるし、カスタマーも製品・サービスへのアクセスが担保される。また、政府や州による政策や官民協業を通じて、ヘルシー・エイジングに役立つサービスへのアクセスを強化することもできる。これらは第7章、第8章で検討したい。

海外に目を向ける

興味深いことだが、社会保障や健康保険制度への予算比率の高い国では、チャネルの発達も進んでいる。洗練されたチャネルを持ち、米国のような顧客獲得や流通の課題で苦労していない国の取り組みを参考にするとよいだろう。

効率的なマーケットや流通経路を構築し、介護に限らない包括的な長寿システムを構築している国の例として、イギリス、デンマーク、シンガポール、イスラエル、カナダが挙げられる。こうした国は、デジタルリテラシー・プログラムや、教育・就労機会の拡大など、ヘルシー・エイジングと長寿社会における多様なニーズに取り組み、政府機関による支援や財源のサポートを行っている。

模範的なモデルと見られているのがデンマークだ。イスラエルの高齢者向け施策を企画・開発する団体ESHEL（エシェル）のヨッシ・ヘイマンCEOは、イスラエルの長寿マーケットへの包括的なアプローチのきっかけを尋ねると、「デンマークに行ったんだ！」と教えてくれた。知恵のフォーラム会議（2018年7月、デンマーク・コペンハーゲン）にイスラエル代表として出席した報告書でも言及されているが、雇用と年金の「デンマーク・モデル」と、デンマークの年金企業PFA傘下のシンクタンクによる提言「Den Nye 3. Alder（新・第3の時代）」

が参考になったそうだ。

この提言の中心テーマは「健康」「仕事生活から引退への移行」「住まい」の3点だ。本書と同じく、人生には多数のステージがあるという考え方に基づき、従来の3段階の人生モデル（教育・仕事・引退）の書き換えを提唱している。同シンクタンクの「第3の時代におけるグッドライフ」にある33の提言は、現在、イスラエルなどで採用されている。[12] 特に注目すべきものを抜き出しておこう。

- 起業への投資
- 生涯学習に個人がコミットすること
- キャリアチェンジに向けた教育貯蓄
- 提携を進めてイノベーティブなプラットフォーム型ビジネスを発展させること
- 自宅で健康に暮らすためのテクノロジー
- ボランティア活動への活発な参加を支援すること

これらはすべて事業成長とイノベーションのチャンスとなる。うまくチャネルが統合できれば、そのチャンスは拡大するはずだ。

提言

- 自社の製品・サービスの流通のために、集客プラットフォームを幅広く検討しよう。
- SNSやウェビナーで、シニア消費者本人や彼らに影響力を持つ関係者（子どもなど）にアプローチしよう。
- 雇用主、メディケア・アドバンテージ、保険会社などの法人取引では、営業サイクルが長いことを理解しておこう。
- 自社の製品・サービスの消費者に向けて新たなプラットフォームが作れないか考えてみよう。
- 戦略策定の際には、顧客獲得の課題を忘れず検討すること。
- ヴィレッジ・トゥ・ヴィレッジ・ネットワークのような地域団体（第4章参照）、高齢者福祉局（第5章参照）、ヘルシー・エイジングに向けた自治体の取り組み、各種プラットフォームのネットワークを活用して、長寿カスタマーにリーチしよう。

第7章 起業家のチャンス

The Entrepreneur's Opportunities

長らく、ベンチャーキャピタルとスタートアップ業界は若い世代に偏向していた。若い投資家は、若いイノベーターが立ち上げた、若い企業の、主に若者向けの製品のアイデアに出資しがちだ。けれど、スタートアップ投資のエコシステムに集まる資金と才能にとって、急成長中の長寿経済も大きな投資チャンスではある。このマーケットに出資するベンチャーキャピタルも出現し、業界の大家も参入して、高年齢層のニーズや欲求に対応するアイデアに資金が流れる変化が起きている。また、起業のステージに立つ中高年への支援、育成も、スタートアップ業界にとって有益だ。シニア起業家たちは、経験を生かし、長寿社会のための革新的なアイデアを推進するエネルギーに満ちている。

アラン・パトリコフは、ベンチャーキャピタル界のレジェンドだ。ニューヨーク・マガジンへの投資に始まり、自身のプライベート・エクイティ会社エイパックス・パートナーズの設立、ベンチャーキャピタル会社グレイクロフト・パートナーズの創業というキャリアを通じて、AOL、オフィス・デポ、アップル、Audible(オーディブル)といった大企業を成長させてきた。だから、パトリコフの出資の動きや発言には注目が集まる。彼がベンチャーキャピタルやスタートアップ業界の「定説」を覆そうとしたときもそうだった。

「高齢者向けの製品、サービス、テクノロジーはベンチャー投資で無視されてきたが、この領域に投資し、成長させることが我々の責務であり、チャンスでもある。さらに、我々が投資するシニア起業家たちは、貴重な知識と経験を持ち、すごいアイデアを出してくる。85歳になった私は、可能性の代弁者として社会を前進させたいのだ」[1]

これは、2020年、パトリコフがシニア向けのスタートアップに投資するベンチャーキャピタルファンド、プライムタイム・パートナーズを設立した際の発言だ。共同創業者は、当時45歳のアビー・ミラー・レヴィ。スライブ・グローバルの元社長、ソウルサイクルの元戦略担当上級副社長を務めた人物だ。2人はコロナ禍に3200万ドルを調達した。「高齢者はインターネットをやらず、物を買わず、行動を変えない」という神話を覆すことが、2人の狙いだったた。そんなはずはないし、我々が変えてみせる、と2人は考えていた。

彼らは正しい。ファンド設立の発表も長寿業界には朗報だったが、もう1つの意味でも、この動きは未来が明るくなる重要なニュースだった。凄腕のベテラン投資家のパトリコフが、長寿マーケットはベンチャー投資のチャンスだと見抜いたうえに、85歳にして創設者兼パートナーとして積極的に動き出したのだ。このファンドの投資テーマには「シニア起業家の支援」が掲げられている。

勢いに乗る長寿ベンチャーキャピタル

プライムタイム・パートナーのポートフォリオ戦略では、エイジング・イン・プレイス、退職後の資産運用、介護マネジメント、長寿医療、消費者体験の改善を実現する「製品、サービス、テクノロジー、そして経験」を対象に、シードステージとアーリーステージのスタートアップへの投資を行うと明記されている。自身の経験を生かして起業するシニア人材への投資は、ベンチャー業界では斬新なアプローチであり、重要な取り組みだ。パトリコフとレヴィはCarewell(ケアウェル)も支援しているが、これは自宅介護ステージの人に向けて、介護用品、代替食、自宅介護のノウハウを提供するプラットフォーム型企業だ。

もちろん、長寿ビジネスでの起業チャンスは全世代のイノベーターにあるとはいえ、当事者の視点とニーズを理解しているメンバーがいるチームは、明らかに有利だ。また、年齢ではなくステージの視点を持ち込むメンバーも役に立つ。高齢者の『ために』ではなく、『共に』デザインする、というのがイノベーションを生むための大原則だ。前にも述べたが「大きい、色が地味、退屈」ではダメなのだ。[2] いろいろな世代の長寿カスタマーが欲しくなるようなステルス・デザインが正解である。50代60代は人生の終盤ではなく、新たな始まりなのだから。

経験豊富なシニア起業家をチームに加える重要性はデータを見ても明らかだ。2019年の新規起業の25%以上は55歳以上64歳未満によるもので、1996年の約15%より増加している。2020年には、米国の中小企業オーナーの43%は55歳以上だ。[3]

前述のとおり、中高年の起業家・イノベーターの増加を表す語としてよく使われるようになった「オールダープレナー(シニア起業家)」を私も使うし、他の人も多用している。あまりカッコいい語ではないため、好き嫌いは分かれる。とはいえ、プライムタイム・パートナーズの方針と思想を表す語ではあるし、「起業家はたいてい30歳以下で、パートナーも引退世代ではない」というベンチャー業界の固定観念を覆すために使える語ではある。若くないベンチャー投資家だってたくさんいるし、業界にとってもその方がいい。

企業内ファンドや独立系ファンドも、この大きな投資機会に注目し始めている。Andreesen

Horowitz（アンドリーセン・ホロウィッツ［a16zとも呼ばれる］）、Blue Venture Fund（ブルー・ベンチャー・ファンド）、Khosla Ventures（コスラ・ベンチャーズ）、Maverick Ventures（マーベリック・ベンチャーズ）、Oak HC/FT（オーク）、GoAhead Ventures（ゴーアヘッド・ベンチャーズ）などだ。

パトリコフとミラー・レヴィのPrimetime Partners（プライムタイム・パートナーズ）も、Generator Ventures（ジェネレーター・ベンチャーズ）、Magnify Ventures（マグニファイ・ベンチャーズ）、Portfolia（ポートフォリア）、Springbank Collective（スプリングバンク・コレクティブ）、7wireVentures（7ワイヤ・ベンチャーズ）など、長寿領域特化型のファンドを数多く設立している。特化型ファンドの中には、高齢者住宅など、特定のステージやドメインに絞ったものもあり、そうしたファンドは、高齢者住宅コミュニティと提携して、テスト段階の製品やサービスの実地検証を行っている。ボストンでは、Brookdale Senior Living（ブルックデール・シニア・リビング）とHebrew Senior Life（ヘブライ・シニア・ライフ）の2社が、高齢者に役立つ製品・サービスの実地検証の機会を提供している（長寿やヘルシー・エイジング領域への投資を行うベンチャーキャピタルについては、付録を参照のこと）。

とはいえ、先にも述べたが、長寿ビジネスのチャンスは、高齢者住宅の入居者に限定されない、ずっと幅広いものだ。90％以上は住み慣れた場所で歳をとり、18の人生のステージ、5四半期（5Q）の間に多くの転機を迎えるわけで、そのための商品やサービスをデザインする必要がある。長い人生を安心して送れる資産形成に向けた、新たな金融商品の開発も重要だ。

長寿マーケットは別の意味でもベンチャーキャピタルの常識を覆すかもしれない。ファンドはユニコーン企業（評価額10億ドル超の未公開企業）を探すのが通例だ。だが、長寿マーケットの場合、ユニコーン企業を追い求めるのではなく、投資収益を確保しつつ大きな社会的インパクトの実現を求める「インパクト投資」型が主流になっているようだ。

ここ数年のうちに、インパクト投資家の長寿ベンチャー投資は増加するだろう。現状でもエマーソン・コレクティブによるTembo Health、GoodTrust（グッドトラスト）やFreeWillへの投資、イノベーションズ・フォー・インパクト・ファンドによるAmavaとMemoryWellへの投資、Rethink Impact（リシンク・インパクト）によるWellthyへの投資が進んでいる。

とはいえ、長寿ビジネスへの投資方針がないベンチャー投資家が大半で、この領域に取り組む姿勢を明示したのはごく一部のファンドにすぎない。スタンフォード大学ビジネススクールの同僚、ロブ・チェスは、このビジネスチャンスを1980年代のソフトウェア・ブームや1990年代のインターネット・ブームになぞらえている。「人口動態の変化を考えれば、このチャンスはもっと大きいし確実だろう」とチェスは言う。「あのとき投資しておけばよかったと皆が後悔するだろうね[4]」

ベンチャー投資に回る金額は過去40年間で劇的に増加したが、長寿マーケットへの投資が伸びたのはここ5年に過ぎず、その投資も大半は、高齢者ケアと在宅医療という予測可能な成熟市場への投資だった。この領域への2020年の投資は11億ドルを超えたが、[5] いまだにベンチャー投資業界では、「年齢よりステージ」という観点が弱く、健康寿命が延びることで何が起きるかについての理解も遅れている。

大手のベンチャー・ファンドは、長寿ベンチャーへの投資が進まない理由を説明する際に、出遅れた原因として3つの問題を挙げている。

第1の問題は、多くの投資家がいまだに人口統計的な観点でしか物事を考えられていないことだ。長寿社会といえば、高齢者施設や転倒予防、旧来型の高齢者介護のニーズを思い浮かべる。エイジズム的な視点もあるだろう。「高齢者」についての視野が狭いのだ。人口統計上の事実としては高齢化を理解していても、健康寿命の伸長や、人生後半に経験するさまざまなステージを理解しようとはしない。そのことを考えられないのであれば、長寿マーケットを構成する多世代のカスタマーについてや、利用者と支払者、プロバイダーなどの複雑なエコシステムについて、本書の読者のような知見を持てる可能性は低い。要するに、投資家が腰を据えて勉強できていないのが問題なのだ。

第2の問題点は、前述のとおり、ベンチャーキャピタルがユニコーンを探しがちである点だ。長寿マーケットは、リスクの高い賭けを数多くする中で1つはヒットさせようという旧来型のベンチャー投資よりも、財務的リターン以上に社会貢献を重視するインパクト投資と相性が良い。とはいえ、長寿スタートアップのHonorもPapa Health(パパヘルス)も評価額10億ドル超のユニコーン企業に成長しており、旧来型の投資家もこの領域へと食指を動かす可能性はある。

第3の問題点として、イグジット(ベンチャーキャピタルの専門用語で、買収や株式公開でかなりの利益を上げた投資)の成功例があまりない点が挙げられる。有名なイグジット事例はせいぜい4つだ。2018年のベスト・バイによるGreatCallの8億ドルでの買収、2019年のIACによるCare.comの5億ドルでの買収(2014年の新規株式公開後)、2006年のティビティ・ヘルス社のSilver Sneakers(シルバースニーカーズ)買収、2018年のアマゾンによるPillPack(フィルパック)の7億5300万ドルでの買収はよく知られているが、他はあまり思いつかない(付録の表A-4参照)。リスクマネジメントで成り立つ投資ビジネスにおいて、褒められる実績とはいえない。イグジット成功事例が少ないというのは、長寿ビジネスには投資すべきでないという十分な根拠となってしまう。

もちろんこれは、典型的なジレンマで、投資判断のためにはイグジットの成功事例を見ておきたいが、イグジットに成功するにはまず投資が必要だ。ジレンマを克服する唯一の方法は、過去の実績にこだわらずに大胆な行動に出ることだ。この勇敢な動きを始めるファームも現れている。先手を打った者が報われると期待したい。

従来型の高齢者介護市場の枠を超えて、ビジネスチャンスと多様なニーズは広がっている。それを考えれば、本書で整理した多くのドメイン、サブドメインや消費者のステージ、さらに、まだ投資家や起業家のレーダーには映っていないビジネスに対しても、もっと大規模な投資が行われるべきだろう。毎年行われるJPモルガン・ヘルスケア・カンファレンスなど主要な投資会議で、長寿のビジネスチャンスに特化した企業のセッションが設けられることを期待したい。

起業チャンスとして注目の新領域

長寿マーケットの何十ものドメイン、サブドメインに、すべての段階のスタートアップにとってのチャンスは存在する。介護領域だけでも、幅広いニーズがあり、それを満たす商品・サービスは計25のドメイン・サブドメインにまたがっている。とはいえ、投資家が賢明であれば、介護ドメインに限定せず対象を広げるだろう。繰り返しになるが、老化への対策は長寿マーケットのほんの一部にすぎない。主要なドメイン・サブドメインについては第4章で解説したので、ここでは、まだ起業家や投資家のレーダーにはあまり捕捉されていないものの、今後の長寿マーケットでは重要となる、賢い投資家なら要チェックの領域を追加で紹介する。

①デジタルリテラシーとデジタル格差対策

インターネットにブロードバンドで接続できる高齢者数が大幅に増加したとはいえ、他世代に比べればまだ少ない。米国の65歳以上の42％はブロードバンド未接続だ。商品・サービスの利用にはインターネット接続が必須となる時代だというのに、これは問題だ。医療、食事、エンターテインメントなど日常的なサービスもネット経由で提供されるようになっており、この傾向はさらに強まるだろう。また、エイジング・イン・プレイスを実践する人にとってのリスクである社会的孤立を予防するうえでも、ネットは主要ツールである。健康寿命の延伸に伴ってＩＴデバイスの利用機会は増えるため、デジタルリテラシーの向上は必須となる。

高齢者の多くはＩＴを活用しているが、最新テクノロジーを完璧に使いこなせていると自負する人は少ないだろう。だが、これを意欲がないせいだと勘違いしてはならない。高齢者へのステレオタイプとは違って、彼らの新しいテクノロジーを学ぶ意欲は高い。とりわけ自立生活に役立つテクノロジーに対して積極的だ。そのためのアクセスと、新たな技術にキャッチアップするための継続学習機会を提供する事業は、起業家が挑むべき大チャンスだろう。

コロナ禍に人びとは家族や友人、医師とつながって情報を得るためにZoomなどを利用するようになり、デジタルリテラシーも急速に向上した。だが、なぜパンデミックになるまでデジタルリテラシーの推進はできなかったのだろうかと疑問が湧く。疫病に強制される前に、イノベーティブな起業家、発明家によって実現できたらよかったのに、とも思う。高齢者にもデジタル適応力があることはパンデミックでようやく証明されたが、その能力を高めるようなサポート事業が今まで欠けていた。Senior Planet(シニアプラネット）やOATS（Older Adult Technology Services、高齢者テクノロジーサポート）などの新組織はこのビジネスチャンスをつかみ、高齢者に技術指導やサポートを提供している。

ネットへのアクセスとデジタルリテラシー格差の改善に取り組むのは、米国では主にNPOだが、国によっては政府が教育プログラムを提供している。デンマークやイスラエルでは、50歳以上の誰もが新たなプラットフォームやIT技術についていけるよう、デジタルリテラシーを単発ではなく継続で学ぶプロジェクトが全国的に進行中だ。

こうした国は、今どきの高齢者は孫に頼れないのをわかっている。需要の大きさにも関わらず、米国ではこの領域の営利企業はまだ数社しか登場していない。そもそもデジタルリテラシーへの民間投資が進んでいないことが問題だ。この領域への投資の活性化が望まれる。

②ナビゲーター

第6章で見たように、長寿マーケットはチャネル統合が未発達で複雑であるために、ビジネスを進めづらい。この複雑さを把握して、ユーザー、購入者、支払者にとってシンプルな仕組みをつくることができたなら、起業家は大いに成功できるだろう。プラットフォーム企業として、長寿マーケットとは関係ないが、Coinbase（コインベース）について考えてみよう。同社は暗号通貨市場を理解し、参加するためのプラットフォーム企業だ。

暗号通貨は複雑な技術として悪名高く、暗号通貨市場も複雑でわかりづらい。そのため、テクノロジー通にしか受け入れられず、普及が進まなかった。Coinbaseは、この複雑さを一般の人にもわかりやすくナビゲートし、誰でも暗号通貨を利用できる仕組みを作った。その結果、同社はユニコーン企業となった。

同様のビジネスチャンスが長寿マーケットにも存在するはずだ。介護ナビ、終末期ナビなど、ナビゲーション支援さえうまくできれば、それだけでプラットフォームは成功したも同然だろう。第4章で取り上げたCakeは、複雑な終末期マーケットをナビゲートすることを同社のミッションとしている。メディケア利用者とその家族が最適なプランを選択できるようサポートする企業も出てきた。ナビゲーター型企業は、ノウハウと、専門家によるコンシェルジュ型ガイダンスの2つをどう提供するかが勝負になっている。

③移行プランニング

長寿マーケットには多くのステージがある。私は18ステージに整理したが、読者が自分なりの分類をしてくれても構わない。時が経てば、新たなステージも生まれるだろう。今後は人生のラスト40年に複数のステージを満喫できるようになる。新ステージへの移行には計画が必要であるため、ステージ間の移行をサポートするサービスでの起業もあり得る。Amava、iRelaunch、ReBootAccel（リブートアクセル）、KnowYourValue（ノウユアバリュー）などはその実例だ。こうしたスタートアップでは、ＡＩを活用して、次のステージまでの経路の可能性を示し、ステージ選択をサポートし、実現のための場所、ニーズ、才能、学習・スキルアップのリソースをマッチングしてくれる。関連して、再就職・再雇用の領域でのイノベーションも起きるだろう。企業向けサービスも個人向けもあり得る。また、長い人生のさまざまなステージで、生きがいや優先事項を見直す手助けをするサービスも生まれるだろう。

移行プランニング事業としては、Ｑ１（第１四半期）やＱ２（第２四半期）という若い時期の人や組織をターゲットにする戦略も考えられる。定年退職の存在しない未来に備えて、あるいは「経済基盤の確保」のステージの先にはどのような道筋があるかを示し、プランニング支援をするビジネスも、個人向け、法人向けの両方で考えられる。あるいは、高校生、大学生、若手の社会人が、複数のステージを生きる長寿時代のレンズを通じて、自らの人生をデザインし、マッピングする作業の支援も、ビジネスチャンスとなりそうだ。

④ＡＩベースのツール

ＡＩは領域を問わずあらゆるイノベーションに織り込まれるのが確実なので、長寿関連製品を開発している他企業にＡＩサービスを提供するだけでも、有効な事業戦略となるだろう。たとえば、地理データ、人口統計データ、センサーからの情報を利用して、ＡＩを使ってエリアごとのカスタマー需要モデルを構築できる技術を持っている起業家なら、その技術を長寿カスタマーをターゲットとする複数の企業に売り込めばいい。すでにＡＩは「終活」や「人生の幕引き」ステージの人びとを対象とした医療分野で活用されている。ＡＩは事前指示書のない入院患者を診察する際にも役立つし、アルゴリズムを利用した転倒リスクの予測も可能だ。これまでにない新製品やサービスにＡＩを取り込む事例も無限に出てくるだろう。

⑤孤独・社会的孤立への対策、生きがいの再発見

歳を重ねステージが変わる中で、社交の機会や、やりがいが感じられる関わりをうまくつくることが、より重要になっていく。オンラインやリモートで仕事や用事を済ませる機会が増える中ではなおさらだ。セキュリティとプライバシーを確保しながら人とつながる斬新な方法が求められている。

⑥旅行、レジャー、エンターテインメント

旅行、レジャー、エンターテインメントの３ドメインでの起業家のチャンスには、以下の２領域が重要になる。１つめは、旅行やこれまで楽しんできた趣味ができなくなったステージの人びとをターゲットとしたものだ。コロナ禍、旅行やエンターテインメントのあり方の再考を迫られた企業が、この領域を急成長させた。

たとえば、Rendever（レンデヴァー）はバーチャル・リアリティを介護付きコミュニティ向けに販売しており、入居者が集まって、団体旅行のように遠くの場所や博物館を一緒に「訪問」し、他の人たちと同じ時間に体験を共有できるようにしている。孫と一緒に故郷を訪れることもできる。こうしたイノベーションは嬉しいだけでなく、孤立感や孤独の解消にも役立つ。

もう1つの注目領域は、アクティブなステージの大人を中心として、人生を見直したり、旅をしたり、コンサートに出かけたりする多世代型のアクティビティだ。健康寿命の伸長に伴って、複数の世代が共に旅をする異世代交流型の旅行は増加するだろうし、再生ステージの人に向けた学びの旅の需要も高まるだろう。

⑦ファッションとアクセサリー

ファッションとテクノロジーの融合は、かなり期待できる領域だ。長寿カスタマー向けの服のデザインに先端技術は使えるし、身体のニーズに合わせて設計・設定したウェアラブル端末を衣類やアクセサリーに組み込むこともできる。

このドメインで起業するなら、ナイキ方式の思考が特に重要だ。「高齢者向けビジネス」と考えてはいけない。消費者が買い物のときに身体の老化を意識させられるのは嫌なので、サポート機能はあからさまにせず、ステルス方式で提供すべきだ。

さまざまなステージの多彩なニーズに機能で応えつつ、ファッション性を保つには、高いクリエイティビティが求められる。たとえば、ボタンやジッパーを使わず、簡単に着脱できるスタイリッシュな服はできないだろうか。あるいは、モニタリング機器を衣服と統合できないか。文字どおり、テクノロジーをファッションに織り込むことができれば、新たなビジネスチャンスが開拓できる。

⑧フィットネスとモビリティ

健康・ウェルネス関連のモバイルアプリは25万以上も存在するが、健康寿命を生きる元気な高齢者をターゲットとしたものは少ない。ウェルビーイング向上のためのフィットネスとモビリティサービスには、いくつか重要なトレンドがある。まず、健康寿命の延伸と「ヘルシー・エイジング」のためには、移動に制限のある人のニーズへの対応が重要だ。企業がカスタマーの健康寿命を延ばせば、取引の期間も長くできる。ここでもテクノロジーの出番だが、起業家としても、「フィットネス・モビリティ関連のテクノロジーは高齢者と相性が悪い」というエイジズム的な思い込みを克服すべきだ。高齢者は、新しいテクノロジーを学んで活用できるし、したいと思っている。このマーケットに向けたサービス設計、プロダクト設計をうまくできる企業が成功するだろう。

⑨生涯学習

生涯学習自体は新しい考え方ではなく、支援プラットフォームもすでに存在している。GSVLabs（GSVラボ）、General Assembly（ジェネラル・アセンブリー）、Flatiron School（フラットアイアン・スクール）、Coursera、edX（エデックス）などだ。とはいえ、長寿社会のレンズを通して、そこに特化したプロダクト設計をしている企業はない。たとえば、「再生」ステージの学習者のニーズを、「介護」ステージの学習者と比べて把握すれば、より適切なプロダクトが作れる。その他にも、大人世代の学びにカスタムした学習モデルが開発できそうだ。企業のリターンシップ型のモデルを取り入れて、「ポートフォリオの作成」「移行」「方向転換」などのステージにある人材を企業とつなげるのも良さそうだ。うまくつながりを作れる企業が成功するだろう。Encore.orgのフェローシップは、NPOに関わりたい大人たちに同様のサービスを提供している。継続教育の機会が広がること、さまざまな方法で学べることへのニーズは高まっている。

今の社会では、教育の期間は人生で25年程度だと考えられており、そのほとんどが人生の序盤に集中している。この教育モデルは継続性がないだろう。学びは40年、いやそれ以上続き、複数のステージへと広がるからだ。体験学習やスキルアップの機会はますます必要になるため、この領域は事業価値、投資価値ともに非常に大きい。

⑩メンタリングと職場の多世代共同参画

メンターとメンティー（メンタリングを受ける人）の関係性は、非常に満足できるものであることが多い。そして、キャリアの表舞台を去る人数が増えれば、メンター志望者も増えるだろう。ここのマッチングはビジネスチャンスにできる。とりわけ、企業が高齢のメンターを従業員の人材開発に活用するのはお勧めだ。リバース・メンタリング（逆向きのメンター）で、中高年が次のステージや役割に移行するのをサポートするサービスも考えられる。こうしたマッチングや研修をうまく運用できる組織が業界をリードすることになるだろう。

⑪住宅と世代間共生

90％近くの人が自分の家で年齢を重ねたいと望んでいるが、全員がそうできるわけではなく、状況が許さない場合も多い。問題解決に向けて、世代間共生も含め新しいアイデアが出てきている。社会的孤立や孤独の解消、ＩＴサポートなど、多様なニーズに対応できるため、新しい住み方への需要は高まるはずだ。また、ユニバーサルデザインを採用した、歳をとっても暮らしやすい住宅へのリノベーションも、建設業界と不動産業界で欠かせない領域となるだろう。

⑫遠隔医療

米国内で遠隔医療が広く浸透したのは、コロナ禍に起きたポジティブな変化だ。パンデミック以前はほぼゼロだった遠隔医療が、診察予約の90％近くまで増加した。メディケアが遠隔医療を還付対象とした動きがゲームチェンジャーとなって状況が激変したのだ。

遠隔医療でも、より専門性の高いサービスや、高齢者医療も含む包括的な医療の問題解決が求められている。センサー技術を遠隔医療システムに統合できれば、遠隔医療サービスは単発の診察に終わらず、継続的なモニタリングも可能となる。センサーによる在宅モニタリングをAIと組み合わせることで、何が起きるかを予測して予防法や対処法を提案できるようになる。高齢アスリートを対象としたスポーツ医療などの専門医療の遠隔サービスを開発して、スポーツ関連の怪我の予防や治療に役立てることも可能だろう。

言うまでもなく、今後、医療の領域では、家庭が治療・介護の現場になるという前提があり、そこに大きなビジネスチャンスがある。在宅モニタリングは広く普及するだろう。高齢者が使いやすいスマート機器やテクノロジーも重要になる。健康な生活習慣を支えるヘルスコーチやソーシャルサポートが介護チームに加わることも考えられる。

⑬食品と栄養

食事や食料品の宅配は、高年齢者のステージが変化するとともに重要度が増す。医療的な要請のある人も含め、食餌療法や栄養のニーズに合わせた食事の宅配は成長領域だ。こうしたスタートアップは、LyftやUberなどの交通系の企業との提携や事業売却も多いだろう。

⑭とにかくプラットフォーム！

長寿マーケットの消費者に役立つイノベーションやニーズに対応した包括的なプラットフォームやデータベースは、まだ誰にも作られていない。ドメインを限定したものであれば、住まいのSeniorlyやA Place for Mom、終末期の介護に対応したCakeなど優秀なプラットフォームが存在している。だが、高齢者の家族や雇用主、そして高齢者自身が必要なものを買いたくなるような商品、サービスと企業を網羅したプラットフォームはない。

また、移行プランニングや継続学習のサポート、5Q（5四半期）のパラダイムで説明されているステージを生きる人びとに長寿時代の新たなライフコースをナビゲートするためのプラットフォームも求められている。検索機能やプラットフォーム構築の専門家の側からも、ぜひ事業化を呼びかけてほしい。

⑮その他、想像できるものは何でも

イノベーションと起業家精神の美点は、それが予期せぬさまざまなビジネスチャンスを生み出すことだ。スマートフォンとアプリのエコシステムを開発したことが、タクシー事業を根本

から変えるとは誰が予想できただろうか。私たちには30年、40年と健康な人生が伸長することで生まれるチャンスのすべては理解できていない。だが起業家は、新たな可能性を想像することができる。ただし、それはエイジズム的な固定観念を克服し、ステージの観点でマーケットを理解することを起点として初めて進むものだ。ここに示した起業チャンスのリストは完全版でも決定版でもない。これで終わりではなく、あくまで出発点なのだ。

イノベーター支援：デザイン・チャレンジ、アクセラレーター、リソース

ここ5〜10年は、毎年のデザイン・チャレンジ、イノベーション・チャレンジが、長寿イノベーションと起業のエコシステムに根づくようになっている。

高齢化を重点テーマに定めるインキュベーターが全国で増加するトレンドを受けて、長寿マーケットに向けてイノベーティブな商品・サービスを開発する起業家たちの活躍の機会が増えている。こうしたアクセラレーター・プログラムは、ベンチャーキャピタルや大学、大企業が提供していることが多く、問題解決のための創造的なアイデアを刺激する各種リソースが提供されている。エンジニア、研究者、医療従事者、介護者など多様な人が参加するチームをつくり、ユーザーへのアクセスを提供している。また、指導、ラボやフィールドでのテスト、マー

ケットに関するアドバイス、カスタマーの発掘、資金やパートナーへのアクセスを提供して起業家支援を行っている。

こうしたアクセラレーター・プログラムの目標は、高齢者と介護者のＱＯＬ向上だ。デザインテーマは、多くの場合、長寿に関連する１つ以上のニーズや領域に基づいている。こうしたプログラムのリストは、付録「起業家のための参考資料集」を参照のこと。

加えて、起業家としては、長寿関連の情報リソースをチェックして、キュレーションされている研究報告書、スタートアップ関連のニュースやトレンドを掴んでおくと役立つ。そうしたキュレーション組織は、幅広いトピックでウェビナーやカンファレンスも実施しているので、登録しておくとよいだろう。これについても、リストは付録「起業家のための参考資料集」を参照してほしい。

スタンフォード大学ビジネススクールで開講中の「長寿化：影響とビジネスチャンス」では、長寿カスタマーのユニークな側面を検証し、イノベーションの機会を理解する新たな起業家集団を創出することが目的だ。同時に、新たな人生の地図について考え、学生が自分の人生とキャリアについて刺激的な議論を行う場にもなっている。企業やスタートアップが、長寿に特化した「アントレプレナー・イン・レジデンス」のプログラムを拡大し、起業家が参加しやすい環境をつくることも、長寿マーケットでのイノベーションの発展と成長を加速させるだろう。

組織内での長寿ビジネスの起業

社内起業家、組織内でのイノベーションも重要だ。社内起業には、既存のビジネスにおける製品・サービスのイノベーションと、新規事業の立ち上げの両方がある。前者はメリルリンチ、ナイキ、ワービー・パーカーの事例で見たとおりだ。長寿ビジネスの社内起業家は、組織内で好機を捉え、変革を推進する主体になれる。

例を挙げよう。P&Gベンチャーズは、新製品・サービスの設計の起点となるよう、社内チームを立ち上げて、女性の健康、睡眠改善、認知症対策、自立生活など、長寿ビジネスの各ドメインやカスタマーのステージに関するデザイン・チャレンジを開催している。

同様の取り組みは他社、他業種でも進んでいる。アマゾンには、長寿カスタマー向けイノベーションの重要ドメインである健康とウェルネスをテーマとしたアレクサ・ベンチャー・グループがある。同社はアレクサ・ケアハブに代わって Alexa Together で家族の遠隔介護をサポートすると発表した。

企業がステージの観点を持てば、社内ベンチャーの取り組みも進むだろう。高年齢層のカスタマーの価値にいち早く気づいた企業のひとつがＢＭＷで、その年代に役立つ機能を自動車に搭載した。さらに、ＢＭＷは長寿ビジネスの推進責任者と、高年齢のスタッフを含むデザインチームを活用してイノベーションを生み出し、商品化したのだ。
ベスト・バイは、同社が「A世代」と呼ぶ高齢カスタマーのニーズをより理解し、より良いサービスを提供するために、新入社員にVR機器を用いて視覚障害を理解する研修を行っている。[6]

こうした取り組みを行う利点は二重にある。社内の人材とそのニーズの理解にも役立つのだ。メリルリンチは、第4章で述べたように、カスタマー向けの長寿関連の新商品を、従業員の福利厚生にも採用している。カスタマーだけでなく従業員ともステージについて対話することで、クリエイティビティを高め、自社の商品・サービスの社会的影響も高められる。「定年退職者」や「高齢者」の話はやめて、人生の「方向転換」や「復活」のステージの会話をしていこう。

起業家精神とイノベーションがこうした新たなニーズの多くを解決し、大きなビジネスチャンスとなる一方で、問題解決に政策上のイノベーションを必要とするものも存在する。年配の人の知見が評価され、仕事も含め社会に貢献する力が尊重されて、長い人生の全ステージを尊厳をもって生きられるような社会環境をつくるための政策が必要なのだ。次章では、新たな長寿社会で何が重要かを議論したい。

提言

- 高齢化は社会問題ではなく、チャンスだと考えよう。
- 単なる「老い」とは異なる、長寿にまつわる新たなナラティブを受け入れよう。
- 高年齢層の人びとは多様であり、ニーズも欲求もさまざまに異なる。「85歳の人を1人知っているなら、85歳については1人分のことしかわからない」と肝に命じておこう。
- 5Q（5四半期）と人生の18ステージの観点を使って、カスタマーのステージに対応した長寿イノベーションを進めよう。ステージは順に進むとは限らない点も意識しておこう。
- 支払うのは誰なのか、どの販売チャネルで売るのか、明確化しておくこと。
- 信頼をどう得るかを考えよう。信頼関係ができれば、幅広いサービス・商品を購買してもらえるものだ。
- 多世代のカスタマーを開拓し、そこに向けて売ろう。
- 加齢に対応した製品の特徴を売りにせず、あくまでステルスで行こう。
- マーケティング戦略に当事者を取り込み、そのポジティブな効果と信頼性を活用しよう。

第8章 長寿化への投資と「配当」

Longevity Dividends

長寿マーケットでイノベーションを起こし、新製品・サービスを生み出せば、増加する長寿カスタマーのニーズを満たし、事業は成長できる。さらに、それ以上のインパクトを生むことも可能だ。長寿マーケットへの参入を機として、「年齢よりステージ」の発想を取り入れて、社内の人事制度やマーケティング戦略に蔓延するエイジズムを解消していこう。さらに、行政の施策実現をサポートすることで、仕事と介護を両立する人材の価値向上にも貢献できる。さらには、人びとがより長い健康寿命を満喫し、最期まで尊厳を持って生きられる社会づくりの一助となれるのだ。これこそが、「新たな長寿化」で得られる豊かな「配当」の1つだといえるだろう。

ここまで見てきたように、長寿マーケットには大きなチャンスが広がっている。人口動態の変化はリアルに進行中であり、あらゆる業界、商品ドメイン、マーケットがその影響を受けるはずだ。60歳以上の人口はこれまでになく増加し、健康で活動的な人の比率も上がるため、多種多様な欲求やニーズが生じるだろう。

これは事業収益を改善する大チャンスだが、同時に、持続的な社会変革に取り組むチャンスでもある。人口動態の激変は不可避であり、それを受けてマーケットだけでなく、政策も文化もすべてが変化を迫られている。変わるためには、まずマーケット理解が重要だ。本書を通して述べてきた「年齢よりステージ」で考えることから始めよう。カスタマー、ユーザー、支払う者の複雑な力学とニュアンスを理解し、チャネルの障壁を予測し、それを取り除けるように行動しよう。

「新たな長寿化」により、社会的、経済的、健康的、その他さまざまなメリットが生まれる。これは「長寿化の配当」と呼べるだろう。[1]

とはいえ、長寿マーケットがうまく繁栄するためには、政策や文化が変わらなくてはならない。「長寿化の配当」を得るためには、4方面への投資が必要となる。すなわち、「エイジズムとの闘い」「政策への関与」「尊厳への投資」「世代を超えたコミュニティの育成」に注力することが求められる。

エイジズムとの闘い

高齢者への偏見や能力の過小評価を改めないようでは、長寿マーケットでの成功は不可能だ。組織からエイジズム的態度が一掃されない限り、目の前のチャンスにも気づけないし、適切な事業運営はできない。それでは、意識改革をしてエイジズム根絶に取り組んでいる組織には勝てないだろう。この複雑なマーケットで成功するには、問題解決への新鮮な視点と協業が必要であるのに、社会にはびこるエイジズムに加担しているようでは、優れた人材を確保できず、事業の成功確率は下がるばかりだ。

でも、あなたは違う。年齢差別をする側ではないはずだ。エイジズムは私たちの文化に根深く残っており、誰もが多少は内心に抱えているものだが、本書を読んだあなたの中では、内なるエイジズムとの闘いがすでに始まっている。

変化は内側から始まる。まずは社内から始めよう。ＡＡＲＰの調査を見れば、職場や人材市場にエイジズムが根強いことは明らかだ。長期失業率は16～54歳の18％に対して、55歳以上では28％と高く、「長期失業率の格差は、職場の年齢差別が根強いことの表れだ」と報告書は述べている。[2]

同調査の45歳以上を対象としたデータを見ておこう。

- 年齢差別が「多少ある」または「よくある」と回答したのは労働者の9割を超える。
- 職場で年齢差別を見たり経験したと答えた人は6割に上る。また、「翌年には失業する不安がある」と答えた人のうち3分の1は、その理由に年齢差別を挙げている（複数回答）。
- 求職活動では44％が応募先の企業から年齢関連の質問を受けたと答えている。
- 上司や人事担当者、外部団体、行政機関などに年齢差別について正式な報告を入れたのは、わずか3％である。
- 法制度による年齢差別禁止の厳格化に強く賛成する人は59％に及ぶ。

エイジズムへの社会的関心の高まりとともに、こうした調査データも増えている。マーサー、NPO法人トランスアメリカ・インスティテュート、AARP、ミルケン・インスティテュートの「高齢化の未来研究所」、ボストン・カレッジのスローン財団「高齢化と仕事」調査ネットワークなどが調査と提言を行っている。[3] 2018年にはハーバード・ビジネス・レビュー誌上で、ミルケンの社長ポール・アーヴィングらによって「定年なき時代」に関する連載が始まり、長寿化の影響の解説とともに、高齢人材を再評価すべきだと主張された。[4]

やるべきことはまだまだある。エイジズムが当たり前の職場から、長寿マーケットへのまともなアプローチが出てくるわけがない。長寿マーケットで成功するためには、企業経営に求められる多様性と包摂、公平性の一環として、年齢についてもダイバーシティ&インクルージョンを実践すべきだ。

長寿の専門家は、企業の人材戦略について「エイジズムからセージズムへ」（sage《セージ》は知恵や経験に富む賢人の意）という表現をよく使う。企業は高齢の従業員の人生経験と知恵の価値を見逃さず、ちゃんと金を払って活用すべきだということだ。

具体的な始め方はある。ひとつは、企業として公式に宣言を行うことだ。何らかの変化を支持し、その責任を担うと公的に表明する手段として、宣言を行う企業は増えている。長寿社会に関連した宣言も数多く出されている。

たとえば、ＡＡＲＰが制定している「雇用主による誓約」は、企業が経験ある労働者の価値を認め、多様性に富む組織をつくることを以下のように誓約するものだ。「私たちは、年齢に関係なくすべての労働者に平等な機会が与えられるべきだと信じている。50歳以上の人にも人材市場での平等な競争と就業機会があるべきだ。私たちは、経験豊富な人材の価値を見過ごさず、多様な年齢層に向けて採用活動を行い、選考・採用の際にはすべての応募者を公平に扱うことを、ここに宣言する」[5]

誓って終わりなら、無意味で空疎なＰＲの道具にすぎないが、その心配はない。この誓約の場合、署名から2年以内に企業が具体的なアクションを2つ以上は行う義務があり、履行状況は誰でもチェック可能だ。

ＡＡＲＰが企業に要求しているアクションの一部を挙げておこう。

- 職務内容や募集要項を見直し、中高年の応募を妨げるような資格や表現がないよう徹底すること。
- 求人の文言に「年齢不問」と明記すること。
- 応募資料に生年月日や卒業年次の記載を求めないこと。
- ダイバーシティ&インクルージョン戦略に「年齢」を含めること。

さらにＡＡＲＰは、世界経済フォーラムや経済協力開発機構（ＯＥＣＤ）などの組織とも協力し、職場のダイバーシティ推進と同じやり方で、年齢差別の解消にも取り組んでいる。[6] グローバル企業約１００社がこの取り組みに参加しており、合計従業員数は２２０万人、売上高の合計は1兆ドルを超える。

ＡＡＲＰは、こうした取り組みから知見を組み立て、企業間のナレッジ共有を促進している。この取り組みで見過ごせないのが、世代を超えた取り組みには「5Ｃスキル」（好奇心Curiosity、創造性Creativity、批判的思考Critical thinking、協業Collaboration、変革マネジメントChange management）が重要だ、という指摘だ。ＡＡＲＰのガイドラインに沿って、経験豊富な人材の価値を重視し、多世代人材の活躍する職場を作るべく誓約を行うことが推奨されている。

エイジズムと闘う第２の方法は、メディアにおける高齢者描写を見直すことだ。長寿マーケットに参入してみれば、高齢者層は多様であり、メディアや広告で目にするものとは違うことが一目瞭然でわかるはずだ。

コミュニケーション研究を行うＮＰＯ法人フレームワークス・インスティテュートは、米国老年学会と共同で、このテーマで広く調査を行った。[7]調査によると、メディアに出てくる高齢者像は、ほぼ2種類しかない。病気や障害で弱っていて常に高額な介護を要する終末期の人か、あるいは、完全に自立し何の支援も必要としていない健康でアクティブな高齢者か、その２種類しか描かれないのだ。

実際には、要介護の度合いや個々のニーズ、欲求はグラデーション状で多様であるのに、両極端なイメージしか表現されておらず、現実が反映されていない。

そのせいで、健康そうな高齢者にも心身機能のサポートがあれば便利だとしても見過ごされてしまう。また、こうした画一的な描写によって、加齢へのネガティブな印象や高齢者へのステレオタイプが助長される。高齢者のニーズを深く理解して対応した施策を推進するうえで、メディアにおけるシニア描写の幅の狭さは大きな障壁だと同調査は指摘している。

行政は、この問題に企業より早くから取り組んでいる。2019年、サンフランシスコ市では「エイジズム再考」プロジェクトが始まった。これは、クリエイティビティや知性など、高齢者が職場や社会に貢献しているさまざまな強みを打ち出すことで固定観念を克服しようというキャンペーンだ。[8]起業家コミュニティやIT業界では「若さ信仰」が強いため、IT企業の林立するベイエリアでは特に有意義な取り組みだった。同市は、「これぞクリエイティビティ」、「これこそ知性」といったキャッチフレーズとともに、あらゆるタイプの高齢者の写真を、街中の看板やバスに大きく掲示した。

こうした取り組みは、エイジレスな職場と地域社会の推進につながる。健康寿命いっぱいまで活躍する人材が増えるのだ。多様な長寿カスタマーに求められる商品・サービスを生み出すうえで、PRキャンペーンやデザイン、そして職場での取り組みでエイジズム対策を行うことが極めて重要となる。企業が長寿マーケットないし多世代マーケットに取り組む際には、メディアや広告のデザインを見直し、より多様で的確な高齢者像を伝えるべきだ。

エイジズム対策は前進しているが、変化は緩やかだ。スタンフォード大学ビジネススクール教員のアシュリー・マーティンは「エイジズムは最後まで消えないイズム（主義）だ」と述べている。[9]ようやく最近、エイジズムが本格的に問題視されるようになってきた。企業もこの変化の一翼を担い、経営陣や人事制度、広告や販促キャンペーンなどに変化を起こせるはずだ。

新型コロナ感染症の大流行は本当につらい厄災だったが、年齢差別の問題に関しては、良い面もあったといえる。コロナ禍には経験豊富な職業人に注目が集まり、感染症と闘い人命を救う業務の価値が広く認識された。国立アレルギー感染症研究所の所長であった医師アンソニー・ファウチは、全米で最も信頼できる正確な情報源となった。引退した医療従事者が何万人も、病棟での闘いを支援すべく職場復帰を果たした。政府のデータベースからデータを復旧するには、旧式のプログラミング言語を扱えるプログラマーが欠かせなかった。「経験豊富」「知恵」「エッセンシャル（不可欠）」「行動」「頼れる」という表現が、こうした大人たちを形容する言葉として浮上した。ここに来て社会はようやく高齢人材を資産だと認識したのだ。

業務のリモート化が進めば、人材の採用・継続雇用において年齢が重要ではなくなるだろう。地理的に離れた企業で働けるようになれば、むしろ人材獲得競争は激化し、あらゆる年代の候補を検討しなければ良い人材が採れなくなる。エイジズムが根強い社会では「年寄りにＩＴは使いこなせないし、その気もないだろう」と思われがちだが、リモートワークになれば全員にＩＴスキルが要求されるため、かえってエイジズムの平等化装置として機能するかもしれない。

こうした変化が相まって、企業文化が大きく転換する可能性はある。企業は、商品・サービスはもちろん、人材面でも長寿化のチャンスを取り込もうとするだろう。経営者は知識だけでなく経験に裏づけられた知恵を重視するようになるはずだ。

政策への関与

長寿化に限らず、社会の全方面に影響する劇的な変化が起こるときには、それを受けて政策も発展する。工業化を受けて労働政策や企業政策は変わり、放送メディアの台頭を受けてコンテンツに関する法律や規制が何年もかけて見直された。同様に、これまでにない長寿化を受けて、全方位で政策の再検討が進むだろう。退職金、社会保障、医療政策、建築基準法など、すべてが見直されるはずだ。ここで企業が政策決定に関与できれば、参入予定のマーケットの動きを促進して自社の利益につなげることが可能だ。政策決定に関与しない企業は、他人の作ったルールで戦うことになる。

政策の動きによっては、自社の製品・サービスへの支払いに補助金が出てマーケットが成長するかもしれない。特に医療や介護領域では、必要なサービスを完全自腹で受ける財力のある人はほとんどいない。

例として遠隔医療を見てみよう。遠隔医療自体は最新技術ではなく、何年も前から利用可能ではあったが、２０２０年にメディケアでオンライン診療費を完全にカバーできるようになった。この制度変更がゲームチェンジャーとなって、遠隔医療はほとんどの人にとって手の届くサービスに変わったのだ。遠隔医療の関連ビジネスを考えてみれば、通信やセンサー技術、新たなコンシェルジュ・サービスや介護のモデル、関連のコンテンツや学びの機会、医療データや請求システムとアプリでつながる機能など、いくらでも出てくるが、どれもメディケアの制度変更なしには成長できなかったはずだ。

高齢化に伴うニーズやサービスに向けた貯蓄の推進やコスト効率化につながる政策が成立すれば、何百万もの人びとの生活に影響するとともに、多くの新規ビジネスを生むだろう。ベビー・ボンドのように、長い人生のための「長寿ボンド」が可能になるかもしれない。[10] ヘルシー・エイジングと長生きのための製品・サービスをセットにして、一般の人が広く利用できる仕組みをつくれないだろうか。あるいは高額になる入院や施設入所を予防するためのサービスについては、利用のインセンティブとなるよう行政が金銭面で優遇すべきかもしれない。現に、ワシントン州などでは、介護や高齢化に伴う経済的負担の軽減策が施行され、介護者への税額控除も進んでいる。

先進諸国の中には、介護休業給付金や家族介護慰労金を設定している国もある（米国ではメディケイドの受給資格を持つ貧困世帯に限定されている）。ノルウェー、スウェーデン、日本、ドイツなどは、介護の自己負担額が高くなりすぎないよう軽減措置があり、企業としても介護事業に参入しやすい政策モデルになっている。

米国でもこの領域への公共支出は始まっている。本書執筆中にも、バイデン政権は高齢化・長寿社会の課題への対応策として、高齢労働者の雇用継続のための税制優遇や、家族介護者への5000ドルの税控除など、4000億ドル規模の新政策を打ち出した。

また、家族介護者への社会保障控除を提案し、自宅のリフォームなども含めたCapable（「地域コミュニティでのエイジング・イン・プレイスとより良い生活推進」の頭文字を取ったプログラム）を推進している。また、地域の保健士15万人増や、介護人材の確保・離職防止・育成のための国家的戦略についても発議されている。

さらに、有給家族介護休暇や2021年5月に提出された介護関連法案は、家族の介護をしている労働者を対象に最高5000ドルの連邦税額控除を行い、介護費用の自己負担額を約7000ドル軽減するものだ。これらは、無報酬で家族の介護をしている全米4800万人の価値を見直した政策だと言える。

少し見ただけでもわかるように、ステージの観点を持つ企業なら、テクノロジー、金融、建設、人材確保などに多くのビジネスチャンスを見出せるはずだ。

メリンダ・フレンチ・ゲイツは長寿社会についても積極的に活動しており、米国政府が介護者支援政策を進めるために特任の介護問題担当官を設置するよう提唱している。高齢者と介護者家族のためのイノベーションを起こすためには、こうした行政のリーダーシップと支援システムが不可欠だ。ゲイツは、国として介護や看護のための有給休暇を設定すべきだと主張しており、雑誌への寄稿でも「この国の経済はケアをする人びとに支えられている」と強く主張している。[11]

政策議論の際、私たちはつい医療や特定のステージ（移行、終活、人生の幕引き）に偏りがちだ。だが、他のステージにも政策変更は影響する。教育政策を見直せば、学習機会を求める「再生」ステージの人に恩恵があるだろう。

社会保障政策や税制の変更があるならば、長寿関連の金融商品を設計している企業にはチャンスだ。若いうちから人生の後半まで見通して設計しておくようなビジネスを開拓できる。投資資産がどこまでもつのか、資産価値をどう高めればいいのかがよくわかる商品を作ればいい。税制優遇の範囲が拡大するなら、移行計画や継続学習の商品化も視野に入る。

長寿政策の重要性に目をつぶっていては、企業は存続の危険に瀕するだろう。昨今、新規ビジネスのサクセスストーリーの大半は、企業が変化を捉え、政策の方向性を把握して変化を引き起こしたというものだ。たとえば、Netflixの成功は、コンテンツ配信者でありつつコンテンツ制作者であるという、かつては許されなかったあり方で成り立っている。政策の転換によってチャンスが広がったのだ。

尊厳への投資

長寿マーケットは、カスタマーの尊厳がとりわけ重要になる領域だ。終活や人生の幕引きステージでは、人生を終えるプロセスを自分で管理し、主導権を持つべきだ。また、誰が長期医療を含む高齢者の治療・介護費用を負担するのかという問題も考えなくてはならない。米国では終末期医療にはメディケアがほとんど使えないため、中所得層の高齢者は、終末期のケアが必要になったときに、全額を払えなくなるリスクが大きい。

尊厳といえば、社会として介護の役割にもっと光を当てることも大切となる。そこでは、エイジズムの克服が必須だ。介護業界に尊厳が欠けている状態では、介護環境は悪化し、公衆衛生の問題も出てくる。介護施設の状況が劣悪だという話はいまだによく聞く。介護職の低賃金や研修の不足によって、介護の現場がひどい状況に陥れば、人生の最終局面を迎える人びとにも悪影響が及ぶ。

尊厳への投資は、もちろん倫理的な行為だが、同時に、競争優位性にもつながる。企業が介護コミュニティをサポートする事業を行えば、多くのステージの人を対象とした新たなビジネスチャンスが開けてくる。早いうちから人生の最期のステージに備えたい層もターゲットにできるだろう。

「尊厳への投資」とは何を指すのだろうか。1つには、政策形成について理解し、行政が新たに補助金を出す施策に参加することも含まれるだろう。たとえばワシントン州では、2022年1月より新しい公的介護保険制度が施行され、給与所得者に一律0・58％の保険料を課すことで、今後の介護保険を運用することになった。この制度は、長寿に備えて個人が貯蓄する代わりを行政が果たすもので、すでに個人で介護保険に加入している人は免除される。この信託プログラムでは、1人当たり生涯最高3万6500ドルの長期介護が提供され、家族介護者にも報酬として支払われる。

高齢化社会のニーズを総合的に見極めるプロジェクトに着手している州もある。2021年初頭、カリフォルニア州は「高齢化マスタープラン」を発表した。[12] プランに示された5つのゴールと目標《ターゲット》は、高齢化社会の課題とチャンスを考えるうえで参考になる。

①すべての年齢とステージに対応した住宅

高齢化、障害、認知症などがあっても施設入居を強制されず、気候変動や自然災害に備えた地域のコミュニティで歳を重ねること。

[目標] ヘルシー・エイジングのための新たな住まいを大量に建設する。

②健康を再構築する

地域コミュニティに囲まれた自宅で暮らしながら、健康とQOLを最適化できるようなサービスを利用できること。

[目標] 格差を是正し、平均寿命を延ばす。

③孤立ではなく包摂と平等を

仕事やボランティア活動、社会参加、リーダーシップの機会を生涯にわたって持ち、孤立、差別、虐待、ネグレクト、搾取を受けないよう保護されること。

[目標] 年齢とともに、人生の満足度を高める。

④効果的な介護

家族の介護が報われ、課題にはサポートのある状態をつくること。

[目標] 高品質な介護職を100万人単位で増やす。

⑤経済的に困らない高齢化

人生の最後まで経済的安定が得られること。

[目標] 経済格差を改善し、(中略) 高齢者が経済的に困窮しない状態をつくる。[13]

これらの目標はそれぞれ、州政府と協業して問題解決を行う事業者やイノベーターにとって新たなビジネスチャンスだ。格差の是正と手の届くサービスの設計も目標とされている。

イノベーションは不可欠であり、それがさらに多くのチャンスを生むだろう。トップクラスの経済学者や長寿化のオピニオン・リーダーは、「尊厳ある高齢化」のために有効なイノベーションについて議論しており、以下のような提案をしている。

- ベビー・ボンドの長寿支援バージョン
- 生涯学習を支える教育貯蓄制度
- 高齢人材に継続勤務を促す企業への金銭的インセンティブ
- 定年に関する法改正
- 高校卒業と大学入学の間に、高齢者支援や交流を行う全国的な取り組み
- 高齢者向けのデジタルリテラシーと金融リテラシー向上に行政で取り組む
- 奨学金や教育助成金のために高齢者関連の奉仕を行うモデルを行政として導入する
- 高齢者が自宅や地元から幅広いサービスを受けられるよう、遠隔医療についてはメディケアの診療地域制限を恒久的に解除する
- 遠隔医療サービスへのアクセスの平等化と増加
- 家族介護者への所得税控除による介護費用の相殺
- 有償介護者の報酬・給与の向上
- 国として高齢者介護休業手当を制定する
- 学び直しのためのサバティカル（研究休暇）への税控除

新型コロナ感染症の大流行をきっかけに、私たちは、仕事、交通、住まい、医療、社会とのつながりなど、生活や経済のあらゆる面を見直すことになった。また、加齢と尊厳について、とても重要な話題が表に出てきた。終末期介護や危篤、死について、私たちの多くが食卓で語り合い、ＰＣやスマートフォンの画面上でも会話が交わされた。時には痛みを伴うが避けて通れない話題であり、生活やビジネスでの尊厳の重要性が明らかになった。高齢者が安心して買い物ができる時間帯の設定など、パンデミック期間に誕生したイノベーションの一部は、その後も社会に溶け込み、高齢者の尊厳を育んでいる。

また、高齢者向けに食料とＩＴサポートを提供するスタートアップも登場したし、遠隔医療の進展によって必要な人により良い治療を届けることも可能となった。

世代を超えたコミュニティの育成

長寿カスタマーは真空地帯に存在するわけではない。高齢者が生き生きと尊厳ある生活を送るためには、職場や地域コミュニティの世代間のあり方が極めて重要だ。このことはよく指摘されている。

また、世代間のつながりは、高齢者と若い世代の双方にメリットがあると専門家は示している。多世代で学ぶ環境は、若い学生と高齢の学生両方の学びを深めるのだ。世代を超えた関わりをマッチングする企業は、全世代を幸せにしている。

1つの職場に5世代が混在するような多世代チーム構成が、今後は珍しくなくなるだろう。こうした多世代チームのコラボレーションや製品デザインの優位性についてはすでに述べたが、高齢者の知恵、経験、そして多世代コラボレーションは企業の成功に役立つ。リバース・メンタリングの機会もあるような職場をつくることで企業は成長できる。また、高齢の学習者が若い人と並んで学べるよう高等教育の場を再構築すれば、すべての学生にとってより良い学びにつながる。

マーサーは、すべての企業が高齢化対応組織に変わるサポートとして、多世代人材の活躍する職場の作り方を示し、多世代チームの価値を裏づけるデータを提供している。

働く場所についての意識の変化は、多世代型の職場をつくるきっかけとして有効だろう。セールスフォースなどは、大部分の従業員について、今後も少なくとも週に数日はリモートワークを認める方向で動いており、その方針に追随する企業も多い。リモートワークはあらゆる人にとってのゲームチェンジャーとなる。長く働き続けたい高齢者と、高齢者に役立つ商品・サービス（特に学びや介護領域）を提供したい企業の双方にチャンスをもたらすだろう。

仕事関連では、キャリア変更の必要性やキャリア観の変化に対応した新たなビジネスが台頭している。引退後の中高年を、年下の人が新たなステージで指導するリバース・メンターシップが爆発的に増えることも予想される。また、キャリア中断後の復職に向けたリターンシップも増えるだろう。

JPモルガン、IBM、Facebook、Google、アマゾンなどの企業は、以前のキャリアを再スタートさせたり、新たな役割へ移行するために、こうしたインターンシップを実施している。異世代との相互メンタリングも普及してきた。企業で秘策や秘技とされてきたことが、こうした取り組みを通じて後の世代に受け継がれ、活用されていく。映画『インターン』は、リバース・メンタリングの価値にスポットライトを当てた作品だ。また、ホテル業界の重鎮チップ・コンリーは、当時スタートアップだったAirbnb(エアービーアンドビー)に飛び込んでグローバル戦略を牽引し、現代版・職場の賢者《モダンエルダー》として価値を示している。[14]

スタンフォード大学長寿センターと共同で進めている長寿プロジェクトでは、全米の企業、マーケティング担当者、各種オピニオン・リーダーを招待し、長寿化によるニーズとチャンスについての対話に参加してもらっている。意義深いのは、このプロジェクトにZ世代とミレニアル世代の両方が参加し、さまざまなニーズを対話していることだ。同ポッドキャストでは、仕事の未来、都市の再発明、生涯学習、経済的安定、生涯健康、長寿化とパンデミック、エイジズム、長寿化と平等、定年退職の再考、介護など幅広いトピックが語られている。

また、地域での取り組みにも、多世代協業は見られる。２０２1年2月、ボストン・グローブ紙はＭＩＴエイジラボ創設者とともに、ボストンを長寿化のイノベーションのハブとして推進する取り組みを発表した。テクノロジーと医療のイノベーターが多いボストンは長寿社会版のシリコンバレーになれる、というのだ。こうした多世代型コミュニティは、本書で紹介した多くのイノベーションを加速させるだろう。[15]

長寿領域では、「世代間交流」が注目の単語、流行りの概念になっているが、そこには根拠がある。世代間の協業や相互作用はあらゆる人にメリットがあるという実証結果が続々と出てきているのだ。そして、多世代のニーズに応える製品・サービスを作ることが利益になる、という「長寿化の配当」をこれからますます目の当たりにすることになる。

シリコンバレーでは最新のイノベーションについて「これで世界はもっと良い場所になる」というのが常套句だが、長寿ビジネス界でも世界を変えるイノベーションは可能だし、それが必要とされている。長寿マーケットのビジネスチャンスは間違いなく巨大だ。ただし、社会への影響を考えずして、マーケットの成功は実現できない。

逆に、エイジズム的な態度に固執し、お粗末な政策を続ければ、長寿化は、経済破綻や保健医療の崩壊につながる大きなリスクとなる。この危機を回避するためにも、私たちは尊厳に、そして世代を超えたプロジェクトに投資すべきなのだ。

企業には、人生100年時代を生きるための新製品・新サービスを生み出す想像力が必要だが、同時に、政策イノベーションにも積極的に参画し、主体的な役割を担うべきだ。そうすれば、企業は新たな長寿社会での影響力を高めて、大きな「長寿の配当」を得ることができる。

提言

- 高齢人材の価値を軽視せず、企業の人事慣行におけるエイジズムを一掃しよう。
- 広告やメディアでのエイジズム的ステレオタイプに抗うべく、自社でも「シニア活躍推進宣言」を検討しよう。
- 長寿マーケットや多世代マーケット向けの広告やメディアでの表現を見直そう。
- 「尊厳への投資」を行い、政府の長寿社会政策・高齢者支援施策の策定に積極的に関与しよう。
- 多世代人材からなる職場づくりの仕組み・制度と多世代チームの価値向上のデータを活用して、長寿化に対応した組織をつくろう。
- 有給休暇の設定などで、従業員の介護のニーズを支援しよう。

結び——「これから期」を生きる

ここまで読んでくれた読者には、新たな長寿時代の知識がかなりついたはずだ。寿命も健康寿命も延びて長い人生を満喫する人びとを、ただ「高齢者」として年齢で捉えるのではなく、彼らの生きているステージに注目するマインド・シフトもできただろう。それが身についたなら、長寿マーケットに参入するための講習を修了したと思っていい。

本書に掲載した各ドメインの事例を眺めて、もう問題解決は済んだのかと思った人がいたとしたら、それは違う。もうビジネスチャンスは残っていないように感じたなら、まったくの間違いだ。

人生１００年時代にライフコースがどう変わるか、そして30～40年延びた人生をどう活用するのがベストなのか、その再構築はまだ始まったばかりだ。問題解決のためのイノベーションが、切実に求められている。誰でも利用できるようなアクセスの仕組みや価格帯が必要なのだ。

昨今、高齢化は解決すべき課題だという見方だけでなく、刺激的なチャンスとして捉え直されるようになった。起業の大チャンスでもある。起業に際しては、人びとのニーズや、購買欲求のニュアンス、流通・販売上の障壁など、解決すべき課題への理解が必要だ。本書を通じて、こうした知見は共有できたかと思う。

人生が長くなり多様なステージを生きるに伴ってニーズも変化する。そのニーズに沿ったイノベーションが必要だ。そのニーズに応えることで、人生後半の新たなロードマップが変わり、大きな社会的インパクトが起こせるかもしれない。長寿マーケットに対するこうした視点や長寿カスタマーの多様性への理解は、これからの社会では本当に重要となる。

たとえば、本書では自動運転車については論じなかったが、運転を望まない、あるいは運転すべきでない高齢者に向けて、このマーケットは今後10数年で大きく成長するだろう。自動運転技術が普及すれば、高齢者とその家族は安全に移動しやすくなる。高齢化の進んだ地域コミュニティを舞台に、自動運転のイノベーションは進むだろう。自動運転促進のモデル地域として自治体が町を整備すれば、地域の魅力は向上し、移住や関連企業の誘致も進みそうだ。

弁護士、会計士、病理学者などの専門職の中にも、65歳以降時短など負担の少ない働き方で仕事を続けたい人は多いだろう。こうしたスキルや意欲を活用すべく、企業は、旧来のフルタイム労働に収まらない働き方を考えるべきだ。新しい働き方を可能にするマッチング・サービスや、成長を続けるためのスキルアップ支援も求められる。リモートワークが標準化すれば、シニア人材の活躍機会は飛躍的に増えるだろう。高年齢層の人材としての評価が高まるにつれ、若年層へのメンター業務や、祖父母代わりのサポートなど、異なる世代とつながって社会貢献を実現する機会が広がるはずだ。

2050年には、全世界で65歳以上の数が15歳未満の数を上回るとされている。高齢者介護の需要は確実に高まるが、質・量ともにリソースが足りていない状況だ。ここで介護制度の全面的な見直しが必要になる。たとえば、若者が1年間の奉仕活動で高齢者と接することで孤独の解消につなげる制度はどうだろうか。今までにない速度で85歳人口が増える中、彼らがさまざまな多世代コミュニティに参加し、生きがいを持てるような社会のあり方を想像しよう。長寿に備えた保険制度が存在し、誰もがヘルシー・エイジングと長寿を享受できる社会だ。こうしたビジョンは実現できる。起業家と企業内イノベーターが新たなビジネスチャンスを掴むことで、未来は叶うはずだ。

そこで重要な課題になるのが、長寿社会と高齢者のステージを適切に表す言葉の選択だ。エイジズム的にならず、ステージを表す「オールダープレナー(シニア起業家)」のような用語が必要なのだが、意味がきちんと伝わり、ぎこちなさがなく、注目されるような新語を作るのは難しい。今後もさまざまな新語が出てくるはずだ。

私は「furtherhood(これから期)」という語を使っている。この語が最良の決定版だとは思っていないので、もっといいのがあれば提案してほしいが、当面はこの語を使う。

「これから期」とは老年期ではない。引退期とも違う。身体の老化に伴って不自由が出る年齢を指す語でもない。「これから期」は新たなギフトなのだ。より多くの人びとが元気に長く活動できる30~40年の人生の可能性を指す。同時に、機能不全になっている前世紀型の人生モデルを破壊し過去のものにする。

「further（さらに先へ）」という語を含む「furtherhood（これから期）」を私が気に入っているのは、これからのステージを通じて、生きがいを再設定し、自分の得た知恵や価値観、経験を先の世代に役立てようとするニュアンスがあるからだ。終わりではなく、始まりの連続なのだ。歳を重ねることを、老化だとか「終わってる」と考えるのではなく、さらに先の新たなチャンスと可能性へこれから進むのだと捉えてほしい。読者がマーケティング上でも、自分自身の人生でも、「これから期」という考え方を大事にしてくれることを望む。

スタンフォード大学ＤＣＩのフェローになった頃の私は、自分のキャリアの次章を高齢者介護の変革に捧げようと考えていた。実母の終末期に事前指示書を作成して、彼女の意思を尊重できていれば、母が経験した痛みと苦しみは防げたかもしれない、と後で知って、私の心は乱れた。あれほど入退院を繰り返していたのに、亡くなる前日まで緩和ケアを受けられなかったことにも胸が痛んだ。本当は私にできることはあったし、やるべきだったのに、当時はそのやり方も知らず、その重要性さえわかっていなかった。

母のような苦しみを、もう誰の家族も味わうことがないよう、この状況を解決したいと私は思った。愛する人に良き死を迎えさせられなかった悲しみを、他の人に繰り返してほしくなかったのだ。

その後、私は「新たな長寿化」のあり方を学び、「年齢よりステージ」が重要だと知った。介護や終末期のプランに限らず、解決すべき新たな課題は多く、イノベーションのチャンスでもあることがわかった。「終末期」医療という1つのステージに自分の関心を限定しなくていいのだ。新たな可能性が拓けて心が躍った。私の生きてきた旅路を、ステージという新たなレンズで見直すと、これまでの私の人生の各ステージにも新たな意味が見えてきた。それらが統合されて、私自身の「再生」ステージが始まったのだ。介護の日々、公衆衛生やベンチャーキャピタルでのキャリア、大学院での学び、すべてが再構成されて新たな人生の目的が生まれた。より良い長寿人生の支援、そして、尊厳に満ちた人生の最期を迎えられるよう支援を、私はしていきたい。

私の目的は明確になった。私たちは皆、先人たちよりもはるかに長生きするようになり、多くのステージを経験する。あなたも一緒に、このダイナミックな成長市場に飛び込んで、変化する社会に良いインパクトを与えてほしい。チャンスは無限にあるはずだ。

付録

ステージ分類：人生の18ステージ

長寿マーケット参入を検討する際には、ターゲット・カスタマーが複数ステージに存在する前提で考えよう。カスタマーが複数のステージをまたぐ場合もあるし、60歳未満のカスタマーも存在する。介護の当事者などはその典型だ。

表A‐1は2章で示したステージ一覧の再掲だが、他のステージ区分も可能だ。自社のカスタマーを理解したうえで、独自のステージ分類をつくってみてもよいだろう。

表A-1｜人生の18ステージ

成長のステージ	キャリアと家族のステージ	再出発のステージ	結びのステージ
始まり	継続学習	方向転換	終活
成長	経済基盤の確保	再発進	人生の幕引き
初発進	子育て・家族	人生の優先順位の再設定	
実験	介護	移行	
	健康状態の見直し	ポートフォリオの作成	
		再生	
		サイドプレナー	

人口統計上のセグメント：5Q（5四半期）

「教育・仕事・引退」という旧型の3段階の人生モデルは、寿命と健康寿命が伸長する中で、役割を終えた。新たな人生モデルでは、人生を「5Q（5四半期）」とし、そこに各ステージをマッピングして表す。表A-1（第2章の再掲）のとおり、各Q（四半期）にはさまざまなステージがあり、複数のステージを一度に経験することもある。たとえば、介護のステージはQ2でもQ4でもあり得る。ほぼ全ステージで教育・学習は確実に関わってくる。長寿マーケットでの事業戦略を立てる際には、ターゲットを個人のステージと人口統計上の5四半期の両方でマッピングして捉える必要がある。

図A-1｜5四半期（5Q）ライフステージのフレームワーク

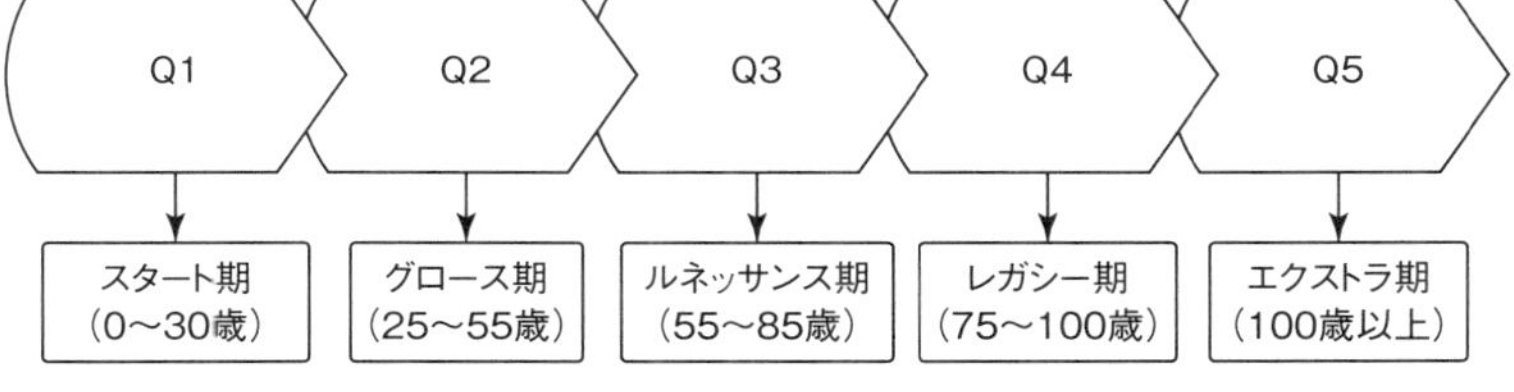

ドメインのセグメント：ターゲット

長寿化の影響を受けない業界はない。寿命と健康寿命の伸長はあらゆるビジネスに関係してくる。とはいえ、ドメインによって影響の速度はまちまちだ。表A-2は、本書で紹介した商品・サービスの主要ドメインに加えて、第3章で説明した各ステージによって異なる優先事項をもとに一部の項目を追加してまとめたものだ。自社の長寿戦略を磨く際の参考にしてほしい。

各ドメインには複数のサブドメインがある。たとえば、金融サービスのドメインには、サブドメインとして資産計画や、高齢者への詐欺や経済虐待の防止が入ってくる。介護ドメインには私が確認しただけでも25のサブドメインが存在する。①介護ナビゲーションと移行サポート、②介護コーディネート、③介護者のQOL、④要介護者の日常生活サポート、⑤健康と安全への意識、⑥社会福祉、⑦社会的孤立・孤独の予防、⑧ウェルネス、⑨スマートホーム、⑩ウェアラブル端末、⑪転倒予防・転倒検知、⑫モビリティ（移動）、⑬フィットネス、⑭感覚補助器具、⑮交通、⑯投薬管理、⑰ITを活用した在宅介護、⑱金融的介護、⑲終末期ケアと終活、⑳保険と払い戻し、㉑認知症介護、㉒住宅、㉓食事と栄養、㉔デジタル・インクルージョン（ITアクセスの担保とITリテラシー）、㉕遠隔医療、である。

表A-2｜狙うべきターゲット

ライフステージの優先事項	商品・サービスのドメイン	サブドメインの例
家と住まい	リフォーム 新たな住み方の選択肢	高齢化に適応した設備の導入 世代間共生（異世代ルームシェア）
資産の安全	金融サービス業 金融×IT（フィンテック） 保険×IT（インシュアテック）	生涯学習をサポートする金融商品、 女性と資金計画、高齢者の資産管理 高齢者への詐欺や経済虐待の防止 保険やメディケア・アドバンテージ・プランの利用ナビゲーション
健康・長寿	長寿健康サービス 食事と栄養 フィットネスと体力づくり 遠隔診療	長寿のための健康診断、定期検診 食事の準備・配送 リモート参加型のフィットネス・プログラム ITを活用した医療・介護、在宅入院、 患者の遠隔モニタリング
介護と家族	介護ナビゲーション 長期介護 認知症介護	介護コーディネートと移行サポート、 介護者のQOL改善、高齢者の資産管理 在宅介護へのIT活用 認知症対策デバイス
生きがい・貢献	社会的健康・コミュニティサービス	生涯学習プログラム、 社会的孤立・孤独への対策、世代間交流、 新しい働き方、 関心とスキルのマッチング・サービス
自分らしい最期の実現	終活	終末期の緩和ケア、 アドバンス・ケア・プランニング（ACP）、 葬儀のプランニング、遺産・遺贈
学びとつながり	生涯学習	デジタルリテラシー向上、ヘルスケア領域でのデジタル活用、デジタルアクセスの維持、 人生の移行プランニング、 キャリア中盤での学び直し支援
市民生活とコミュニティ	世代間のつながり、 ボランティア活動	マッチング・プラットフォーム、 ボランティアのプラットフォーム

超長寿化時代の事業開発のステップ

長寿マーケットに参入する際は、「高齢者向けの製品・サービスをつくる」という発想を意識的に避ける必要がある。本書内の事例を参考に、具体的な事業開発のステップを示しておこう。

①ニーズ……対処すべき課題や困難を明確にする。その際、身体機能や認知能力の低下に伴うニーズに限定せず、他のニーズも検討すること。たとえば、教育・学びの領域にも大きなニーズは存在している。

②ビジネスチャンス……マーケットにおける需給のギャップ、市場規模、自社の能力（これから開発する能力も含む）と市場の関係などを分析し、ビジネスチャンスを判断する。たとえば、家庭用フィットネス機器の製造・設計業であれば、高齢者の利用者数、利用者の経済的・人口統計的データを把握しよう。

③ユーザー……ユーザーは誰なのか、熟考しよう。60歳以下の場合もある。人生後半に向けた資金計画サービスの利用者は、30代の中堅キャリア世代かもしれない。

④ステージ……ターゲット・カスタマーがどのステージにいるかを特定し、その特徴や動きを理解しよう。たとえば、シニア起業家をターゲットとする場合には、彼らにとっての価値は何か、既存の起業家向けサービスには何が欠けているか、などを考える。

⑤ドメイン……ドメインとサブドメインを決める。できるだけ具体的に絞り込むこと。たとえば、ざっくり「遠隔医療」をやる、というのではなく、「高齢化が進む地方での遠隔医療」という具合に細かく設定すること。

⑥支払者……製品・サービスの代金を支払うのは誰なのか、明確にしておく。エンドユーザーや営業先の顧客が支払いをしない場合もあるので要注意だ。たとえば、介護休業手当の導入を検討している企業の場合、実際に支払いをするのは保険会社なので、保険会社との調整が必要になる。

⑦事業上の課題……事業を展開するうえでの障壁がないか対策しておこう。たとえば、エイジング・イン・プレイスのための高齢者向け住宅の建設業者であれば、その地域の建築法規を確認しなければ、用地取得には進めない。

⑧エイジズム……自分の中にある偏見や固定観念を克服し、周りにあるエイジズムと闘うことが必要になる。人口統計上の属性でターゲットを安易に括らないこと。年齢差別的な言葉には注意しよう。ユーザーについて間違った思い込みを持たないように。たとえば「高齢者はテクノロジーに弱いし習得意欲も低い」と思われがちだが、これは事実ではない。

⑨チャネルの課題……計画がうまく進まない要因が集客・流通チャネルのどこにあるか、見極めよう。カスタマーと商品・サービスをもっと簡単につなげるためのプラットフォーム構築やその支援を行うこと。介護業界の15社について同僚と整理したところ、顧客へのリーチ経路は9種類もあり、各社が複数のチャネルを組み合わせて使っていると判明した。こうした複雑な状態は非効率だし、コスト効率も悪い。

⑩資金調達……製品・サービスに必要な資金、予算を調達する。大企業の社内ベンチャーであれば、社内のイノベーション予算や社内ファンドから予算を引き出せる。スタートアップの場合は、ベンチャーキャピタル業界の動きに注目しよう。長寿マーケットへの投資は増えている。

⑪事業拡大……1つの製品・サービスで成功できたら、他のステージのカスタマーに向けた他

の領域にも事業拡大ができないかを考えよう。たとえば、再生のステージにいる大人向けのヨガパンツの販売で成功したファッション企業は、そこでの学びを生かし、新たにシューズや、何ならエクササイズ教室へと事業展開することも考えられる。

起業家のチャンス

ベンチャーキャピタルや起業家コミュニティは、長寿マーケットを大きなビジネスチャンスだと認識し、注目するようになっている。表A‐3に一部の例を示した。ベンチャーキャピタルにアイデアを売り込もうとしている起業家は参考にするといいだろう。

イノベーションのギャップとビジネスチャンス

長寿マーケットの可能性はいくら強調しても足りないほどだ。人口動態の大きな変化を受けて、私たちがまだ思いもつかないようなニーズが生まれ、ビジネスチャンスが生じるだろう。とはいえ、製品・サービスがない、見つけづらい、といったニーズとのギャップが早くから露呈した領域では、マーケティング戦略が進んでいる。以下に、差し当たってのニーズとのギャップの例を挙げておくので、自社のビジネスの参考にしてほしい。

表A-3｜長寿マーケットに投資するベンチャーキャピタルの例

投資会社	出資例
7wireVentures	Homethrive
Andreesen Horowitz (a16z)	Honor; Tomorrow Health; Bold; Devoted Health
Battery Ventures	A Place for Mom; ClearCare
Blue Venture Fund	Wider Circle
Canaan	Papa
Comcast Ventures	Papa
Emerson Collective	Tembo Health; GoodTrust; FreeWill
Generator Ventures	ActiveProtective; CareLinx; Caremerge; True Link Financial; Vesta Healthcare; Vynca; Wellthy
GoAhead Ventures	Cake
GSR Ventures	Cherry Labs
Kaiser Permanente Ventures	Vesta Healthcare; SilverLink
Lightspeed Venture Partners	Curve Health
Magnify Ventures	Papa
Maverick Ventures	Mon Ami; Devoted Health; Castlight; Chapter
NEA	SafeRide Health
Oak HC/FT	Vesta Healthcare; Modern Age; CareBridge; Devoted Health
OCA Ventures	Cake; Vynca
Pillar VC	Cake
Portfolia	Cake
Primetime Partners	Bold; Carewell; Tembo Health; Bloom; GetSetUp; Retirable
Rethink Impact	Wellthy; CareAcademy
Rise of the Rest Seed Fund	Cariloop
SoftBank Vision Fund	Papa; Devoted Health
Springbank Collective	Wellthy; AloeCare
Thrive Capital	Umbrella; Honor
Tiger Global Management	Papa
Town Hall Ventures	WelbeHealth; Signify Health
Two Lanterns Venture Partners	Cake
Ziegler Link-Age Longevity Fund	BlueStar SeniorTech; Breezie; CareLinx; Caremerge; Cosán; Embodied Labs; Forefront Telecare; HealthPRO Heritage; Included Health; Ingenios Health; K4Connect; LifeSite; Minka; OnShift; Payactiv; Prodigo Solutions; PS Lifestyle; Socially Determined; Strategic Health Care; Third Eye Health; True Link; VirtuSense; VitalTech; Vynca

表A-4｜長寿マーケットにおけるスタートアップのIPO・事業売却

企業	IPO・買収者・リードインベスター	年	評価額	形態
InnovAge	Apax Partners	2020年	9億5000万ドル	売却
True Link	Khosla Ventures	2020年	1億3500万ドル	シリーズB
Silvernest	Incenter（Finance of America）	2020年	非公開	売却
Care.com*	—	2014年	5億5000万ドル（1株当たり17ドル）	IPO
PillPack	Amazon	2018年	7億5000万ドル	売却
GreatCall	Best Buy	2018年	8億ドル	売却
Current Health	Best Buy	2021年	4億ドル	売却
CareLinx	Generali Global Assistance	2017年	非公開	売却
Ingenios Health	Almost Family	2015年	1340万ドル	売却
Living Independently Group	GE Healthcare	2009年	非公開	売却
SilverSneakers	Tivity Health	2006年	4億5000万ドル	売却

注：データは2021年11月時点のもの。
*Care.comは2019年にIACが5億ドル（1株当たり15ドル）で買収。

①住宅関連商品とサービス（例：階段）

高齢者の９割は、住み慣れた場所で過ごしたいと望んでいる。家の中でアクセスを確保するには何をすればよいだろう。より値ごろで簡単な解決策、つまり段差を解消する「ドローン」のような発明が必要だ。建設業者・リフォーム業者は何を考慮すべきだろうか。クリエイティブな解決策が待たれる。長寿命化に合わせた住宅設計は、ビジネスチャンスとなる。

②住まいの新たな選択肢（例：世代間共生住宅）

世代間共生をクリエイティブに実践すれば、エイジング・イン・プレイス推進、孤立予防、介護、世代間学習など、さまざまな課題を一気に解決できる可能性がある。このモデルが機能するには、顧客獲得と継続支援・管理を行うプラットフォームが重要だ。

③自宅医療・健康サービス（例：遠隔医療と介護）

コロナ禍に一気に普及した遠隔診療は、今後ますます定着するだろう。世界的な人口動態の変化に伴って、遠隔医療へのアクセス、品質管理、介護の継続性、保険適用の仕組みなどの点に優れた企業の登場が待たれている。

④IT健康保健ツールとデジタル診断(例:センサーとモニタリング技術)

エイジング・イン・プレイスを推進するうえでは、必要なときに医療介入ができるよう、高齢者の健康のモニタリングが必要になる。たとえば、冷蔵庫を開ける頻度を感知し、アルゴリズムを用いて健康状態を推測するセンサーなどは、エイジング・イン・プレイス推進に役立つ。

⑤フィンテック(例:金融虐待の予防)

米国では、「金融虐待」と言われる高齢者の金融被害は年間90億ドル以上とされている。金融虐待は21世紀型の犯罪だ。コロナ禍には高齢者の金融被害が大幅に増加した。信頼できる家族が加害者ともなりうる金融虐待の予防・早期発見に向け、新たなサービスが求められている。

⑥介護のナビゲートとコーディネート(例:メディケア・アドバンテージ・ナビゲーション)

役立つ情報や商品・サービス自体は存在しているのに、見つけづらい、連携がうまくいっていない、うまく管理できていない、といった状況が長寿マーケットには多い。たとえば、終末期には緩和ケアや葬儀の手配など、すさまじい数の意思決定・購入判断が求められる。こうした複雑な状況の整理とナビゲーションができる企業は、ドメインを問わず成功できるに違いない。また、米国の医療保険制度は複雑でわかりにくく、自分に合ったサービスを活用することが難しいため、メディケアとメディケア・アドバンテージ・プログラム関連にもイノベーションのチャンスは大きい。

⑦ソーシャル・ヘルス(例:介護従事者の燃え尽き)

社会とのつながりの中で心身の健康を保つソーシャル・ヘルスは、高齢者と介護人材の両方にとって重要な課題だ。家族も含めた介護人材の燃え尽き予防のイノベーションが求められている。介護をしている人に「セルフケアが大事」とか「もっと運動を」と言っても現実的ではない。時間がないし、デイサービスなどのレスパイト・ケアも不足している状況だ。こうした介護家族の心理ケアを介護のエコシステムに組み込めば、大きなビジネスチャンスとなる。高齢者の孤立や孤独についても、問題解決にイノベーションが必要な領域だ。

⑧終末期の準備(例:終活ツール)

法的文書の管理、アドバンス・ケア・プランニング、緩和ケアやホスピスの利用、葬儀・埋葬の事前計画、遺産相続など、終活関連のサブドメインは多岐にわたる。この領域はプラットフォームがあればうまくいく可能性が高く、そうしたプラットフォームも登場している。とはいえ、市場規模のわりにはまだ参入が少ない。多世代を巻き込んだ家族向けのツールやガイド(Conversation Project[カンバセーション・プロジェクト]など)のビジネスには可能性がある。

終末期医療の事前指示書を作成しているのは米国民の37%に留まる。終末期の尊厳を保つために、できることはたくさんあるはずだ。

⑨プラットフォーム

あらゆる長寿ビジネスに、プラットフォームが求められている。これまでも多種多様な長寿ビジネスが台頭してきたが、バラバラでうまく統合されていない。高齢者や介護者に自社製品・サービスを効率よくマッチングできず、多くの企業が苦労している。多くの企業が製品・サービスをアップして宣伝し、そこに高齢者や介護者がアクセスできる双方向型の仕組みを構築できれば、介護領域の需給のギャップは大幅に解消できる。ＡＩを活用すれば、個々のニーズや特性に応じて人材や解決策をマッチングできるだろう。

謝辞

2015年6月12日、スタンフォード大学のディスティングイッシュト・キャリア・インスティテュート（DCI）から、2016年度のフェローへの招待状が届いた。その日、私は末娘の高校の卒業式に出席したところだった。娘が人生の第1四半期（Q1）の初発進ステージに入るのと期を同じくして、私は第3四半期（Q3）の方向転換、継続学習、再発進のステージに入ろうとしていた。娘は大学1年生に、私はDCIの新入生になった。

その招待状を受け取り、フェローシップに参加したことが、当時は想像もできなかった人生の転機になった。この機会を与えてくれたDCI創設ディレクターのフィル・ピッツォに感謝を捧げる。DCIとスタンフォード・コミュニティの一員となったことで、その後も実に多くの機会を得ることができた。フィルは碩学であり、先見の明のある最高の教師だ。面接のときから、長寿化がキャリアや仕事に与える影響、そして尊厳をもって生き、死ぬことの重要性を教えてくれた。また、フィルはスタンフォード式の考え方（私が「イエス・アンド……」と呼んでいるアプローチ）の体現者で、新プロジェクト開発では私の意見をたくさんサポートしてくれた。

その招待状を受け取ってから4年後、娘の大学卒業祝いの旅行中に、ハーバード・ビジネス・

レビュー・プレスのシニア・エディター、スコット・ベリナートから電話を受けた。話していた本の企画が、編集部で承認されたという。私の人生の新たなステージがまた始まろうとしていた。ポートフォリオの作成のステージに入ったのだ。本書は、スタンフォード大学のフェローとしての学びの集大成であり、公衆衛生とベンチャーキャピタルでのキャリア、そして個人的な人生経験のすべてを反映したものだ。長寿がもたらす機会を8章に整理し、100年人生時代のビジネスチャンスをつかもうとする未来の起業家に向けたガイドを作成するうえで、スコットは彼ならではの手腕でサポートしてくれた。何を書くべきで、何を載せないかの判断が本当に冴えている。スコットとチームで仕事ができたのは大きな喜びだ。2019年の夏、電話をありがとう。

DCIフェローシップ期間中に、私はスタンフォード長寿センター（SCL）の活動を知り、「100年人生のビジョンをデザインする」というミッションの虜になった。SCL創設者にして所長のローラ・カーステンセンは、DCIフェローシップ終了後、私を初の客員研究員として招聘してくれた。心から感謝している。ローラは前向きで楽観的な人で、それが研究にも溢れている。その点に感銘を受けて、私はSCLの調査をイノベーションに応用しようと考えるようになった。健康状態を改善し寿命を延ばすことも重要だが、「長くなった人生をどう生きるか？」という問いに私の心はつかまれた。入退院を繰り返した私の両親のようにはならず、長い人生を最後まで健康に生きるにはどうすればいいのだろう。

センターで働くうちに、私はローラ・カーステンセンとロブ・チェスと共同で新しいコースを共同開発することになった。私はDCIフェロー時代にロブの「医療介護領域におけるイノベーションとマネジメント」を受講したことがあり、ロブは本当に素晴らしい教員だった（今もそうだ）。長寿化によるビジネスへの影響と事業機会について話し合い、ロブに新コースの企画・指導に加わってもらった。スタンフォード大学経営大学院の新コースが受講者に役立つよう、ローラとロブと設計を進めるのは、とてもワクワクする経験だった。このコースは開講3年目を迎え、私は経営学の講師を務めている。ロブとローラ、そして何よりも受講者たちから学び続ける日々だ。

DCIフェローシップならではの利点は、特別なコミュニティができたことだ。フェロー期間中のあるとき、私はフェローとパートナーのグループ宛にメールを送って、「長寿のためのイノベーションについて朝食会で話したい人はいる？」と誘った。クラスの半分以上が参加してくれた。この会をきっかけに、さまざまな素晴らしい出会いが生まれ、今ではDCIの8期85人以上が参加する団体になった。そこから、今私が責任者を務めているdciXというプロジェクトが生まれた。この2つのメンバーに感謝したい。同じテーマへの情熱を持つ仲間とブレーンストーミングができ、関連記事や新企業の情報、新しいアイデアをいつも共有できることに、深く感謝している。

過去数年にわたり、インタビューを受けてくれたすべての経営者、起業家、オピニオン・リーダーにも心から感謝したい。ニール・ブルメンタール、アーサー・ブレッツシュナイダー、ダリン・バクスバウム、スエリン・チェン、キャロル・フィッシュマン・コーエン、ジョー・コフリン、リチャード・アイゼンバーグ、ジーナイン・イングリッシュ、ケレン・エトキン、ケイティ・ファイク、マーク・フリードマン、ジェームズ・フッチョーネ、メアリー・ファーロング、リン・ヘリック、ヨッシ・ヘイマン、キャロル・ハイモヴィッツ、ポール・アーヴィング、スティーブン・ジョンストン、ランディ・クライン、スーリヤ・コルリ、スティーブ・パンティラット、リンジー・ジュリスト＝ロスナー、ジェイク・ロススタイン、ジャック・ロウ、スティーブン・シェーンバウム、アンドリュー・スクート、アンディ・シーグ、マーク・シルバーマン、ジェイ・ニュートン・スモール、ジェニー・シア・スプラドリング、セス・スタンバーグ、アン・タムリンソン、ロバート・ウルスタイン、スティーブ・ウォードル、パティ・ホワイト、ジュリー・ヴルブレフスキ、ジョイ・チャン。事業のストーリーや課題について話してくれたことに深謝する。あなた方の仕事のおかげで、誰もが健康に長寿人生を満喫できる社会がつくられていく。

　また、メリンダ・フレンチ・ゲイツによる投資・インキュベーション企業、ピボタル・ベンチャーズが高齢者介護のプロジェクトに声をかけてくれたことにも深く感謝している。介護プロジェクトのジェニファー・スタイベルとララ・ジェレメコ、テックスターズの長寿部門のキース・カムヒとの共同作業は、私の仕事人生でもトップクラスに有意義で重要なプロジェクトだった。

過去5年間、私は友人全員に片っ端から「どう呼ばれたい？」とか「どんな人生を送っているの？」としつこく質問してきた。こうした友人関係を持てるのは本当にありがたいことだ。もう「高齢者とかシニア、年配って呼ばれたい？」と質問攻めにするのはやめるから、今後もよろしくね。サム・カデバック、マーク・モーゲンスタン、そしてイーヴィー・シルヴィア、重要な視点を本当にありがとう。

私の家族、「コア4」は、いつもリビングを資料で埋め尽くして本書の執筆に没頭していた私を辛抱強く見守ってくれた。家で仕事をするときは卓球台がデスクとして最適なのをご存じだろうか。夕食時には、アイデアの壁打ちに付き合ってくれた。いつも支えてくれて、愛と笑いをくれてありがとう。

私が最初のキャリアに公衆衛生領域を選んだ理由は、何度も心臓発作を起こし早逝した父親について、その原因の多くは予防可能だったと知ったことが大きい。行政と私企業をまたいで、病気や慢性疾患の予防に打ち込んできた。また、病気で衰弱する母の苦痛を緩和できずに胸を痛めた経験が、高齢者介護のあり方と尊厳という、この国の重要な課題へと私を向かわせた。両親は私にとって最大の師であった。

長寿時代には、成長意識と楽観を持って生きることがとても重要になる。本書を書く中で、この思いは強まった。私の人生にはワクワクするステージがたくさんある。この幸運に感謝している。読者の皆様の人生もそうでありますように。

巻末注

❖第1章

1 Gerontological Society of America, "Longevity Economics: Leveraging the Advantages of an Aging Society," August 6, 2018, https://globalcoalitiononaging.com/wp-content/uploads/2018/06/gsa-longevity-economics-2018.pdf
2 AARP and Oxford Economics, "The Longevity Economy: How People Over 50 Are Driving Economic and Social Value in the US," September 2016, https://www.oxfordeconomics.com/recent-releases/the-longevity-economy
および、Gerontological Society of America, "Longevity Economics."(前掲)
3 US Census Bureau, "An Aging Nation: Projected Number of Children and Older Adults in the United States," Census Infographics and Visualizations, March 13, 2018, www.census.gov/library/visualizations/2018/comm/historic-first.html
および、US Census Bureau, "From Pyramid to Pillar: A Century of Change, Population of the U.S.," Census Infographic and Visualizations, March 13, 2018, https://www.census.gov/library/visualizations/2018/comm/century-of-change.html
4 US Census Bureau, "From Pyramid to Pillar."(前掲)
5 Thomas Rando, "Aging, Rejuvenation, and Epigenetic Reprogramming: Resetting the Aging Clock," *Cell* 148, no. 1(2012): 46–57, 2012.
6 Wolfgang Fengler, "Living into the 22nd Century," Brookings, January 14, 2020, https://www.brookings.edu/articles/living-into-the-22nd-century/
7 Lauren Medina, S. Sabo, and J. Vespa, "Living Longer: Historical and Projected Life Expectancy in the United States, 1960 to 2060," United States Census Bureau, February 2020
および、Eileen M. Crimmins, "Lifespan and Healthspan: Past, Present and Promise," *Gerontologist* 55, no. 6(2015).
8 K. Kochanek, X. Jiaquan, and E. Arias, "Mortality in the United States, 2019," *NCHS Data Brief* 395(December 2020): 1–8.
9 "The Future of Aging? The New Drugs &Tech Working to Extend Life & Wellness," research report, CB Insights, October 24, 2018.
10 Health Resources & Services Administration, "The 'Loneliness Epidemic,'" January 2019, https://www.hrsa.gov/enews/past-issues/2019/january-17/loneliness-epidemic/
11 L. L. Carstensen, *A Long Bright Future: Happiness, Health and Financial Security in an Age of Longevity*(New York: Broadway Books, 2009), 16–20.
12 National Council on Aging, "Get the Facts on Economic Security for Seniors," March 1, 2021, https://www.ncoa.org/article/get-the-facts-on-older-americans/
13 Mercer Global, "Are You Age-Ready?," white paper, 2019, www .mercer.com/our-thinking/next-stage-are-you-age-ready.html
14 StanfordCenter on Longevity, "The New Map of Life: 100 Years to Thrive," https://longevity.stanford.edu/the-new-map-of-life-initiative/

❖第2章

1 Harriet Edleson, "More Americans Working Past 65," AARP, April 22, 2019, https://www.

aarp.org/work/employers/americans-working-past-65/
2 J. Accius, and Joo Yeoun Suh, "The Longevity Economy Outlook: How People Age 50 and Older Are Fueling Economic Growth, Stimulating Jobs, and Creating Opportunities for All," AARP Thought Leadership and Oxford Economics, December 2019.
3 Joe Pinsker, "When Does Someone Become 'Old'?," *Atlantic,* January 27, 2020, https://www.theatlantic.com/family/archive/2020/01/old-people-older-elderly-middle-age/605590/
4 Arthur Brettschneider, "Tech Entrepreneurs: How to Market to the Growing Senior Population," *Forbes,* March 11, 2019, https://www.forbes.com/councils/theyec/2019/03/11/tech-entrepreneurs-how-to-market-to-the-growing-senior-population/
5 Derek Ozkal, "Millennials Can't Keep Up with Boomer Entrepreneurs," Currents (Ewing Marion Kauffman Foundation), July 19, 2016, https://www.kauffman.org/currents/age-and-entrepreneurship/
6 US Census Bureau, "2018 Annual Business Survey (ABS) Program," released May 19, 2020, https://www.census.gov/newsroom/press-releases/2020/annual-business-survey-data.html
7 American Express, "2019 State of Women-Owned Businesses Report," September 2019, https://ventureneer.com/wp-content/uploads/2019/10/Final-2019-state-of-women-owned-businesses-report.pdf
8 Gerontological Society of America, "Longevity Economics: Leveraging the Advantages of an Aging Society," report, August 6, 2018, 2, https://globalcoalitiononaging.com/wp-content/uploads/2018/06/gsa-longevity-economics-2018.pdf
および、Joe Kita, "Age Discrimination Still Thrives in America," AARP, December 30, 2019, https://www.aarp.org/work/age-discrimination/still-thrives-in-america/
9 Reframing Aging San Francisco campaign, October 16, 2019, https://endageism.com/
および、World Health Organization, "Global Campaign to Combat Ageism," https://www.who.int/publications/m/item/global-campaign-to-combat-ageism-toolkit
および、"Global Report on Ageism: Executive Summary," March 2021, https://www.who.int/teams/social-determinants-of-health/demographic-change-and-healthy-ageing/combatting-ageism/global-report-on-ageism
10 Catherine Collinson, "Wishful Thinking or Within Reach? Three Generations Prepare for 'Retirement,'" 18th Annual Transamerica Retirement Survey of Workers, Transamerica Center for Retirement Studies, report 1355-1217, December 2017.

❖第3章

1 長寿／高齢化マーケットの分類を行っているプラットフォームの例として、以下が挙げられる。
the Gerontechnologist, Age Tech Market Map (https://thegerontechnologist.com)
the AgeTech Collaborative, sponsored by the AARP and its Innovation Labs (https://agetechcollaborative.org)
the Aging2.0 Collective (www.aging2.com) 詳細は付録を参照。
2 Administration for Community Living, 2020 Profile of Older Americans, May 2021, https://acl.gov/aging-and-disability-in-america/data-and-research/profile-older -americans/
および、AARP and Oxford Economics, "The Longevity Economy: How People Over 50 Are Driving Economic and Social Value in the US," September 2016, https://www.oxfordeconomics.com/resource/the-longevity-economy/
3 Gerontological Society of America, "Longevity Economics: Leveraging the Advantages of an Aging Society," August 6, 2018, https://globalcoalitiononaging.com/wp-content/uploads/

2018/06/gsa-longevity-economics-2018.pdf
4 Gerontological Society of America, "Retirement Structures and Processes," *Public Policy and Aging Report* 31, no. 3(2021).
5 Nadia Tuma-Weldon, "Truth About Age," McCann Truth Central, 2018.
6 同上。
7 Susan Conley, "Longevity Market Map," Stria News, 2019.
8 エイジング2.0は、企業、スタートアップ、研究者、行政、年配の当事者を結びつけ、テクノロジーが高齢化の体験を変えるかを探求している。これまで、重点分野としてデジタルデバイド、家族介護、地域介護への移行に取り組んでいる。現在はルイスビル・ヘルスケア社のCEO直下組織、グローバルイノベーション部門として活動している。https://www.aging2.com/grand-challenges
9 Jean Accius and Joo Yeoun Suh, "The Longevity Economy Outlook: How People Ages 50 and Older Are Fueling Economic Growth, Stimulating Jobs, and Creating Opportunities for All," Washington, DC: AARP Thought Leadership, December 2019, https://doi.org/10.26419/int.00042.001
および、Kauffman Indicators of Entrepreneurship, 2018 National Report on Early-Stage Entrepreneurship, September 2019, https://indicators.kauffman.org/wp-content/uploads/sites/2/2019/09/State_Report_Sept_2019.pdf
および、Pierre Azoulay, Benjamin F. Jones, J. Daniel Kim, and Javier Miranda, "The Average Age of a Startup Founder Is 45," *Harvard Business Review,* July 11, 2018, https://hbr.org/2018/07/research-the-average-age-of-a-successful-startup-founder-is-45
10 以下の記事より、ダニー・マクダーモットの発言を引用。Carol Hymowitz, "The First MBA Course on the Longevity Economy," *Next Avenue,* March 24, 2020, https://www.nextavenue.org/first-mba-class-longevity-economy/

❖第4章

1 Susan Golden and Laura. L. Carstensen, "How Merrill Lynch Is Planning for Its Customers to Live to 100," *Harvard Business Review,* March 4, 2019.
2 同上
3 Lavanya Nair, "This Increasing Client Risk Will Change Advisor Practices. Here's Why," FinancialPlanning, March 12, 2019, https://www.financial-planning.com/news/schwab-study-cites-longevity-as-most-impactful-on-advisor-firms
4 企業の例として、Silvur、Golden Seeds、Golden(https://www.joingolden.com/)などが挙げられる。
5 Andy Sieg, "Longevity: The Economic Opportunity of Our Lifetime," *Forbes,* December 16, 2016, https://www.forbes.com/sites/nextavenue/2016/12/16/longevity-the-economic-opportunity-of-our-lifetime/
および、スーリヤ・コルリ氏への著者インタビューより(2018年7月実施)
6 Merrill Lynch Bank of America Corporation and Age Wave, "Women & Financial Wellness: Beyond the Bottom Line," 2018, https://agewave.com/what-we-do/landmark-research-and-consulting/research-studies/women-and-financial-wellness/
7 Jeffrey Hall, Debra Karch, and Alex Crosby, *Uniform Definitions and Recommended Core Data Elements for Use in Elder Abuse Surveillance*(Atlanta: National Center for Injury Prevention and Control, 2016).
8 Lori A. Stiegel and Mary Joy Quinn, "Elder Abuse: The Impact of Undue Influence," issue brief, American Bar Association and National Center on Law and Elder Rights, June 2017.
9 Robert Chess and Jeffrey Conn, "Nike: Sport Forever," Case E690(Stanford, CA: Stanford

Graduate School of Business, 2020).
10 ニール・ブルメンタルへの著者インタビューより（2020年9月実施）
11 同上
12 Project Catalyst, Parks Associates, AARP Research, "Can 40 Million Caregivers Count on You? Caregiving Innovation Frontiers," AARP, June 2017.
13 喫煙との比較については以下を参照。J. Holt-Lunstad, T. B. Smith, and J. B. Layton, "Social Relationships and Mortality Risk: A Meta-Analytic Review," *PLOS Medicine,* July 27, 2010.
14 Vivek Murthy, "Work and the Loneliness Epidemic," *Harvard Business Review,* September 26, 2017, https://hbr.org/2017/09/work-and-the-loneliness-epidemic
15 Wider Circle, "Wider Circle Raises $38m in Series B Funding Led by AmeriHealth Caritas," press release, September 29, 2021, https://www.widercircle.com/blog/wider-circle-raises-38m-in-series-b-funding-round-led-by-amerihealth-caritas/
16 ダリン・バクスバウムへの著者インタビューより（2020年10月27日実施）
17 Philip A. Pizzo, "A Prescription for Longevity in the 21st Century: Renewing Purpose, Building and Sustaining Social Engagement, and Embracing a Positive Lifestyle," *JAMA,* January 9, 2020.
18 Ari Levy, "Teledoc and Livongo Merge into $37 Billion Remote-Health Company as Coronavirus Keeps Patients Home," *CNBC,* August 5, 2020.
19 Lauri Orlov, "Remote Care Technology and Older Adults: Filling In the Basics 2020," *Aging and Health Technology Watch* ,（ブログ、2020年11月11日投稿） https://www.ageinplacetech.com/blog/remote-care-technology-and-older-adults-filling-basics-2020
20 AARP and National Alliance for Caregiving, "Caregiving in the United States," May 14, 2020, https://www.aarp.org/pri/topics/ltss/family-caregiving/caregiving-in-the-united-states/
21 The Holding Co. and Pivotal Ventures, "Investor's Guide to the Care Economy," 2021, https://www.investin.care/
22 Techstars, "Techstars Future of Longevity Accelerator," https://www.techstars.com/accelerators
および、Techstars, "Techstars and Pivotal Ventures to Launch Longevity Accelerator," press release, January 6, 2020, https://www.techstars.com/newsroom/techstars-and-pivotal-ventures-to-launch-longevity-accelerator
23 Cision, "Techstars Announces Future of Longevity Class of 2021," press release, November 10, 2021, https://www.prweb.com/releases/Techstars_Announces_Future_of_Longevity_Class_of_2021/prweb18323603.htm
24 Susan Golden et al., "Landscape of Caregiving Innovations," Stanford Distinguished Careers Institute（DCI） and dciX, September 2021, https://dci.stanford.edu/wp-content/uploads/2021/11/Landscape-of-Caregiving-Innovations-Report-1.pdf
25 ランディ・クラインへの著者インタビューより（2020年12月実施）
26 リンジー・ジュリスト=ロスナーへの著者インタビューより（2021年2月実施）
27 M. J. Field, C. K. Cassel, eds., *Approaching Death: Improving Care at the End of Life*（Washington, DC: National Academies Press, 1997）
28 Robert Chess, Susan Golden, and Jack Strabo, "Cake: Navigating Mortality," Case E744（Stanford, CA: Stanford Graduate School of Business, 2021）
企業ホームページも参照のこと（https://www.joincake.com）
29 同上。および、スエリン・チェンへの著者インタビューより（2020年7月実施）
30 マーク・シルバーマンへの著者インタビューより（2020年12月実施）
31 ロバート・ウルスタインへの著者インタビューより（2021年1月実施）

❖第5章

1 Sidney Katz, "Assessing Self-Maintenance: Activities of Daily Living, Mobility, and Instrumental Activities of Daily Living," *JAM Geriatric Society* 31, no. 12(1983):721–727、および、Peter F. Edemekong, Deb L. Bomgaars, Sukesh Sukumaran, and Shoshana B. Levy, "Activities of Daily Living," StatPearls, September 26, 2021, https://www.ncbi.nlm.nih.gov/books/NBK470404/

2 Liz O'Donnell, *Working Daughter: A Guide to Caring for Your Aging Parents While Making a Living*(Lanham, MD: Rowman & Littlefield, 2019).

3 Joseph B. Fuller and Manjari Raman, "The Caring Company: How Employers Can Help Employees Manage Their Caregiving Responsibilities—While Reducing Costs and Increasing Productivity," Harvard Business School Project on Managing the Future of Work, updated January 17, 2019.

4 Tiffany Hsu, "Older People Are Ignored and Distorted in Ageist Marketing, Report Finds," *New York Times,* September 23, 2019, https://www.nytimes.com/2019/09/23/business/ageism-advertising-aarp.html
および、Ken Dychtwald, "Ageism Is Alive and Well in Advertising," AARP, September 8, 2021, https://www.aarp.org/work/age-discrimination/ageism-in-advertising/

5 Monica Anderson and Andrew Perrin, "Technology Use Among Seniors," Pew Research Center, May 17, 2017, https://www.pewresearch.org/internet/2017/05/17/technology-use-among-seniors/

6 Joseph F. Coughlin, "Old Age Is Made Up—and This Concept Is Hurting Everyone," *MIT Technology Review,* August 21, 2019, https://www.technologyreview.com/2019/08/21/75537/old-age-is-made-upand-this-concept-is-hurting-everyone/

7 Corinne Purtill, "The Key to Marketing to Older People? Don't Say 'Old,'" *New York Times,* December 8, 2021, https://www.nytimes.com/2021/12/08/business/dealbook/marketing-older-people.html

8 H. Hershfield and L. L. Carstensen, "Your Messaging to Older Audiences Is Outdated," hbr.org, July 2, 2021, https://hbr.org/2021/07/your-messaging-to-older-audiences-is-outdated

9 Rina Raphael, "Be a Friend to the Elderly, Get Paid," *New York Times,* April 27, 2020, https://www.nytimes.com/2020/04/23/style/companion-elderly-aid-friend.html

10 Katherine Linzer, Binata Ray, and Navjot Singh, "Planning for an Aging Population," McKinsey Global Institute, July 31, 2020 https://www.mckinsey.com/industries/social-sector/our-insights/planning-for-an-aging-population
および、Richard Dobbs, James Manyika, Jonathan Woetzel, Jaana Remes, Jesko Perrey, Greg Kelly, Kanaka Pattabiraman, and Hemant Sharma, "Urban World: The Global Consumers to Watch," McKinsey Global Institute, March 30, 2016. https://www.mckinsey.com/global-themes/urbanization/urban-world-the-global-consumers-to-watch/~/media/57c6ad7f7f1b44a6bd2e24f0777b4cd6.ashx

11 Jaan Remes, Markus Schmid, and Monica Toriello, "Getting to Know Urban Elderly Consumers," *McKinsey Podcast,* November 29, 2016.

12 Juliette Cubanski, Wyatt Koma, Anthony Damico, and Tricia Neuman, "How Many Seniors Live in Poverty?" Kaiser Family Foundation, November 19, 2018, https://www.kff.org/interactive/seniors-in-poverty/

13 Hsu, "Older People Are Ignored and Distorted in Ageist Marketing, Report Finds"(前掲)
および、Jeff Beer, "Why Is Marketing to Seniors So Terrible," *Fast Company,* May 6, 2019,

https://www.fastcompany.com/90341477/why-marketing-to-seniors-is-so-terrible

❖第6章

1 Daniel H. Pink, *To Sell Is Human: The Surprising Truth About Moving Others*(New York: Riverhead Books, 2013).『人を動かす、新たな3原則　売らないセールスで、誰もが成功する!』ダニエル・ピンク、神田昌典訳、講談社(2013年)
2 Julie Jargon, "How to Care for Aging Parents When You Can't Be There," *Wall Street Journal,* January 9, 2021, https://www.wsj.com/articles/how-to-care-for-aging-parents-when-you-cant-be-there-11610200808
3 Susan Golden et al., "Landscape of Caregiving Innovations,"(前掲)pp. 35–55,
4 Robert Barba, "Best Buy to Acquire Jitterbug Parent GreatCall for $800 Million," *Wall Street Journal,* August 15, 2018, https://www.wsj.com/articles/best-buy-to-acquire-jitterbug-parent-greatcall-for-800-million-1534371246
5 Paul J. Masotti, Robert Fick, Ana Johnson-Masotti, and Stuart MacLeod, "Healthy Naturally Occurring Retirement Communities: A Low-Cost Approach to Facilitating Healthy Aging," *American Journal of Public Health* 96, no. 7(2006): 1164–1170.
6 Dan Buettner, *The Blue Zones: 9 Lesson for Living Longer from the People Who've Lived the Longest*(Washington, DC: National Geographic, 2012).『The Blue Zones 2nd Edition』ダン・ビュイトナー、荒川雅志 訳・監修、祥伝社(2022年)企業ホームページも参照のこと(https://www.bluezones.com)
7 事例として以下を参照。Massachusetts Healthy Aging Collaborative(https://mahealthyagingcollaborative.org)、Center for Healthy Aging/New York Academy of Medicine(https://www.nyam.org)
8 World Health Organization, "Ageing: Healthy Ageing and Functional Ability," October 26, 2020, https://www.who.int/news-room/questions-and-answers/item/healthy-ageing-and-functional-ability
9 The Mayo Clinic, "Healthy Lifestyle: Caregivers," https://www.mayoclinic.org/healthy-lifestyle
10 Lorraine Morley, "AgeTech Investment: There Is Everything to Play For," *Longevity Technology,* August 18, 2020, https://longevity.technology/news/agetech-investment-there-is-everything-to-play-for/
11 The Holding Co. and Pivotal Ventures, "Investor's Guide to the Care Economy: Four Dynamic Areas of Growth, " 2021, https://www.investin.care/
および、Golden et al., "Landscape of Caregiving Innovations."(前掲)
12 Think Tank: The New 3rd Age, "The Good Life in the 3rd Age," PFA, Denmark, January 1, 2018, https://english.pfa.dk/news-archive/2018/02/02/08/03/think-thank-releases-its-recommendations/

❖第7章

1 Morgan Borer, "Venture Capital Pioneer Alan Patricof and Wellness Executive Abby Miller Levy Launch Primetime Partners," *Business Wire,* July 29, 2020,
https://www.businesswire.com/news/home/20200729005715/en/Venture-Capital-Pioneer
2 Joseph F. Coughlin, *The Longevity Economy: Unlocking the World's Fastest-Growing, Most Misunderstood Market*(New York: PublicAffairs, 2017).
3 Kerby Meres, "Entrepreneurs of a Certain Age, in This Uncertain Time," Currents, Kauffman

Foundation, August 5, 2020, https://www.kauffman.org/currents/entrepreneurs-of-a-certain-age-uncertain-time
4 Robert Chess, quoted in Reshma Kapadia, "Aging Could Be the Next Booming Business," *Barron's,* December 16, 2020 https://www.barrons.com/articles/looking-for-the-next-big-thing-it-may-be-catering-to-our-rapidly-aging-population-51608035401
5 J. Glasner, "Funding Surges for Startups Serving Older Adults," *Crunchbase,* June 4, 2021, https://news.crunchbase.com/startups/eldercare-senior-home-care-startups-funding/
6 ベストバイ・ヘルスCOOリン・ヘリックへの著者インタビューより(2021年12月実施)

❖第8章

1 S. Jay Olshansky, Daniel Perry, Richard A. Miller, and Robert N. Butler, "Pursuing the Longevity Dividend: Scientific Goals for an Aging World," *Annals NY Academy of Science* 1144, no. 1(2007): 11–13.
2 Joe Kita, "Age Discrimination Still Thrives in America," AARP, December 30, 2019, https://www.aarp.org/work/age-discrimination/still-thrives-in-america/
3 Mercer, "Are You Age-Ready?," 2019(前掲)
および、Transamerica Institute, "Age Friendly Workplace Programs: Recruiting and Retaining Experienced Employees," 2021, https://www.transamericainstitute.org/research/employers-benefit-offerings/age-friendly-employers
および、AARP, "Disrupt Aging Initiatives," https://www.aarp.org/about-aarp/info-2019/disrupt-aging-collection.html
4 Paul Irving, "When No One Retires," *Harvard Business Review,* November 7, 2018, https://hbr.org/2018/11/when-no-one-retires
5 AARP, "Employer Pledge Program: Demonstrate Your Commitment to Experienced Workers," https://www.aarp.org/work/employer-pledge-companies/
6 AARP International, "Living, Learning and Earning Longer: How Modern Employers Should Embrace Longevity, a Collaboration from AARP, OECD, World Economic Forum," AARP International, December 2020, https://www.aarpinternational.org/initiatives/future-of-work/living-learning-and-earning-longer
および、Stuart Lewis, "Why Age Inclusive Workforces Play a Crucial Role in Building Back a Better Society Post-COVID," World Economic Forum and OECD, September 7, 2021、
および、Decade of Healthy Ageing, "Global Campaign to Combat Ageism Through the Ages," https://www.decadeofhealthyageing.org/topics-initiatives/decade-action-areas/combatting-ageism
7 Julie Sweetland, Andrew Volmert, and Moira O'Neil, "Finding the Frame: An Empirical Approach to Reframing Aging and Ageism," FrameWorks Institute, February 2017, https://www.frameworksinstitute.org/wp-content/uploads/2020/05/aging_research_report_final_2017.pdf
8 Reframing Ageism Campaign, San Francisco, 2019, https://endageism.com/
9 A. Martin and M. S. North, "Equality for(Almost) All: Egalitarian Advocacy Predicts Lower Endorsement for Sexism and Racism, but Not Ageism," *Journal of Personality and Social Psychology,* January 18, 2021.
10 Michelle Singletary, "Retirement 'Baby Bonds' Could Help Close the Racial Wealth Gap," *Washington Post,* January 29, 2021, https://www.washingtonpost.com/business/2021/01/29/retirement-baby-bonds-racial-wealth-gap/

11 Melinda French Gates, "Our Economy Is Powered by Caregivers; That's Why It's Time for National Paid Leave," *Time,* September 20, 2021, https://time.com/6098412/melinda-french-gates-paid-leave/

12 California Department of Aging, "California's Master Plan for Aging," State of California, January 2021, https://mpa.aging.ca.gov/

13 同上。

14 Chip Conley, *Wisdom@ Work: The Making of a Modern Elder*(New York: Currency, 2018)、『モダンエルダー　40代以上が「職場の賢者」を目指すこれからの働き方』チップ・コンリー、外村仁解説、関美和・大熊希美訳、日経BP(2022年)

15 Joseph F. Coughlin and Luke Yoquinto, "Can Boston Be the Silicon Valley of Longevity?," *Boston Globe,* February 15, 2021, https://www.bostonglobe.com/2021/02/18/opinion/can-boston-be-silicon-valley-longevity/

起業家のための参考資料集

❖イノベーション・ハブやアイデア・ラボ

起業家は、以下のような起業支援コミュニティやアイデア・ラボで、製品・サービスのアイデアを試すことができる。こうした取り組みは増加中なので、ぜひ活用したい。

AgeTech Collaborative（AARP、Innovation Labsが開催）（https://agetechcollaborative.org/）
Avenidas（https://www.avenidas.org/）
Longevity Explorers（https://www.techenhancedlife.com/）
ミルケン・インスティテュート「高齢化の未来研究所」（https://milkeninstitute.org/centers/center-for-the-future-of-aging）
MITエイジラボ・ライフスタイル・リーダーズ（https://agelab.mit.edu/get-involved/panels/85-lifestyle-leaders-panel/）
SilverLife（https://www.silverlife.co）
Techstars Future of Longevity Accelerator（https://www.techstars.com/accelerators/longevity）
The Villages Movement（https://www.vtvnetwork.org/）

❖ニュースレター・ウェブサイト

Age in Place Tech（https://www.ageinplacetech.com/）
Age Tech and the Gerontechnologist（https://www.thegerontechnologist.com/）
ATI Advisory: Anne Tumlinson Innovations（https://atiadvisory.com）
Better Health While Aging,（主宰Leslie Kernisan, MD）（https://betterhealthwhileaging.net/leslie-kernisan-md-mph/）
Daughterhood（https://www.daughterhood.org/）
Family Caregiving Alliance（https://www.caregiver.org/）
Leading Age（https://leadingage.org/）
MFA Longevity Market Report（https://www.maryfurlong.com）
National Institute on Aging（https://www.nia.nih.gov/）
Next Avenue（https://www.nextavenue.org/）
OATS（Older Adult Technology Services）（https://oats.org/）
Senior Planet（https://seniorplanet.org/）
Stanford Center on Longevity Design Challenge（https://longevity.stanford.edu/design-challenge）
The Center on Aging & Work at Boston College（https://www.bc.edu/content/bc-web/schools/ssw/sites/center-on-aging-and-work.html）
The Conversation Project（https://theconversationproject.org/）
The Hartford Foundation（https://www.johnahartford.org/）
The Scan Foundation and Alive Ventures（https://www.thescanfoundation.org/）

❖エイジズム対策のプロジェクト・資料

AARP, "Employer Pledge Program: Demonstrate Your Commitment to Experienced Workers" (www.aarp.org/work/job-search/employer-pledge-companies)

End Ageism, San Francisco Awareness Campaign (https://endageism.com/why-does-ageism-matter)

Frameworks Institute, "Aging, Agency, and Attribution of Responsibility," Moira O'Neil and Abigail Haydon (www.frameworksinstitute.org)

Mercer, "Are You Age-Ready?" (https://www.mercer.com/our-thinking/next-stage-are-you-age-ready.html)

Reframing Aging.org (https://www.reframingaging.org/) およびQuick Start Guide (https://www.reframingaging.org/Portals/gsa-ra/QuickStartGuide_PrintReady_REV.pdf)

Sages and Seekers Inc., "Developing Empathy, Diminishing Ageism" (https://Sagesandseekers.site)

Wisdom at Work: Top Ten Practices for Becoming an Age Friendly Employer, Chip Conley, 2018

World Health Organization, "Global Campaign to Combat Ageism" (https://www.who.int/teams/social-determinants-of-health/demographic-change-and-healthy-ageing/combatting-ageism/global-report-on-ageism)

World Health Organization, "Global Report on Ageism—Executive Summary 2021" (https://www.who.int/publications/i/item/9789240020504)

United Nations, "Global Campaign to Combat Ageism Toolkit" (https://www.decadeofhealthyageing.org/find-knowledge/support/toolkits)

❖介護関連情報

AARP, "Prepare to Care: A Planning Guide for Families" (https://assets.aarp.org/www.aarp.org_/articles/foundation/aa66r2_care.pdf)

AARP and National Alliance for Caregiving, "Caregiving in the United States 2020" (doi.10.26419-2Fppi.00103.001.pdf)

AARP and Project Catalyst Parks Associates, "Caregiving Innovation Frontiers" (https://www.aarp.org/research/topics/care/info-2019/caregiving-innovation-frontiers.html)

AARP, Family Caregiving (www.aarp.org/caregiving)

Family Caregiving Alliance (https://www.caregiver.org)

Holding Co. and Pivotal Ventures, "Investor's Guide to the Care Economy, July 2021" (https://www.investin.care)

Susan Golden and the dciX Caregiving Innovations Group, "Landscape of Caregiving Innovations" (https://dci.stanford.edu/wp-content/uploads/2021/11/Landscape-of-Caregiving-Innovations-Report-1.pdf.)

参考資料

❖書籍

Carstensen, Laura L. *A Long Bright Future: Happiness, Health, and Financial Security in an Age of Increased Longevity.* New York: Public Affairs, 2011.

Chatzky, Jean, and Michael E. Roizen. *Ageproof: Living Longer without Running Out of Money or Breaking a Hip.* New York: Grand Central Publishing, 2017.

Conley, Chip. *Wisdom@Work: The Making of a Modern Elder.* New York: Currency, 2018.『モダンエルダー 40代以上が「職場の賢者」を目指すこれからの働き方』チップ・コンリー、外村仁解説、関美和・大熊希美訳、日経BP（2022年）

Coughlin, Joseph F. *The Longevity Economy: Unlocking the World's Fastest-Growing, Most Misunderstood Market.* New York: Public Affairs, 2017.

Farrell, Chris. *Unretirement: How Baby Boomers Are Changing the Way We Think About Work, Community, and the Good Life.* New York: Bloomsbury, 2014.

Freedman, Marc. *How to Live Forever: The Enduring Power of Connecting the Generations.* New York: Public Affairs, 2018.

Gawande, Atul. *Being Mortal: Medicine and What Matters in the End.* New York: Metropolitan Books, 2014.

Gratton, Lynda, and Andrew Scott. *The 100-Year Life: Living and Working in an Age of Longevity.* New York: Bloomsbury, 2016.『LIFE SHIFT ライフ・シフト—100年時代の人生戦略』リンダ・グラットン、アンドリュー・スコット、池村千秋訳、東洋経済新報社（2016年）

Irving, Paul H. *The Upside of Aging: How Long Life Is Changing the World of Health, Work, Innovation, Policy, and Purpose.* Hoboken, NJ: Wiley, 2014.

Jenkins, Jo Ann. *Disrupt Aging: A Bold New Path to Living Your Best Life at Every Age.* New York: Public Affairs, 2016.

Miller, Bruce J., and Shoshana Berger. *A Beginner's Guide to the End: Practical Advice for Living Life and Facing Death.* New York: Simon & Shuster, 2019.

Pantilat, Steven Z. *Life after the Diagnosis: Expert Advice on Living Well with Serious Illness for Patients and Caregivers.* Boston: Da Capo Lifelong Books, 2017.

Poo, Ai-Jen. *The Age of Dignity: Preparing for the Elder Boom in a Changing America.* New York: The New Press, 2015.

Sinclair, David A. *Lifespan: Why We Age—and Why We Don't Have To.* New York: Harper Collins, 2019.『LIFESPAN（ライフスパン）：老いなき世界』デビッド・A・シンクレア、マシュー・D・ラプラント、梶山あゆみ訳、東洋経済新報社（2020年）

❖報告書

Accius, Jean, and Joo Yeoun Suh. "The Economic Impact of Age Discrimination: How Discriminating Against Older Workers Could Cost the U.S. Economy $850 Billion." Washington, DC: AARP Thought Leadership, January 2020. https://doi.org/10.26419/int.00042.003.

Accius, Jean, and Joo Yeoun Suh. "The Economic Impact of Supporting Working Family Caregivers." Washington, DC: AARP Thought Leadership, March 2021. https://doi.org/10.26419/int.00042.006.

Accius, Jean and Joo Yeoun Suh. "The Longevity Economy Outlook: How People Age 50 and Older Are Fueling Economic Growth, Stimulating Jobs, and Creating Opportunities for All." Washington DC: AARP Thought Leadership, December 2019. https://doi.org/10.26419/int.00042.001.

Global Campaign to Combat Ageism. "Global Report on Ageism." Geneva: World Health Organization, 2021. www.who.int/teams/social-determinants-of-health/demographic-change-and-healthy-ageing/combatting-ageism/global-report-on-ageism.

Irving, Paul. "Silver to Gold: The Business of Aging." Milken Institute Center for the Future of Aging. 2018. https://milkeninstitute.org/report/silve-gold-business-aging.

Orlov, Laurie M. "The Future of Remote Care Technology and Older Adults: Connection Is Everything." *Aging in Place Technology Watch*, November 2020. www.ageinplacetech.com/page/future-remote-care-technology-and-older-adults-2020.

Stanford Center on Longevity. "The New Map of Life: 100 Years to Thrive." Report from Stanford Center on Longevity, November 2021. https://longevity.stanford.edu/wp-content/uploads/2021/11/NMOL_report_FINAL-5.pdf.

Woodard, Monique. "Gray New World. 2020 Report on Aging." CakeMX. www.graynewworld.com.

❖記事

Agarwal, Medha. "The $740 Billion Senior Care Market Is Ripe for Disruption, but Full of Challenges." Redpoint, November 30, 2016. https://medium.com/redpoint-ventures/the-740-billion-senior-care-market-is-ripe-for-disruption-but-full-of-challenges-a13e3b53548.

AgeLab. "Caregiving & Wellbeing." Massachusetts Institute of Technology, 2019. https://agelab.mit.edu/caregiving-wellbeing.

Berg, Peter, and Matthew Piszczek. "Retirement-Proof Your Company." *Harvard Business Review*, November 14, 2018. https://hbr.org/2018/11/retirement-proof-your-company.

Bianchi, Nicola, Jin Li, and Michael Powell. "What Happens to Younger Workers When Older Workers Don't Retire." *Harvard Business Review*, November 16, 2018. https://hbr.org/2018/11/what-happens-to-younger-workers-when-older-workers-dont-retire.

Engelhart, Katie. "What Robots Can—and Can't—Do for the Old and Lonely." *New Yorker*, May 24, 2021. www.newyorker.com/magazine/2021/05/31/what-robots-can-and-cant-do-for-the-old-and-lonely.

Gates, Melinda. "How Rethinking Caregiving Could Play a Crucial Role in Restarting the Economy." *Washington Post*, May 7, 2020. https://www.washingtonpost.com/opinions/2020/05/07/melinda-gates-how-rethinking-caregiving-could-play-crucial-role-restarting-economy/.

Gupta, Sarita, and Ai-jen Poo. "Caring for Your Company's Caregivers." *Harvard Business Review*, November 13, 2018. https://hbr.org/2018/11/caring-for-your-companys-caregivers.

Irving, Paul. "The Longevity Opportunity." *Harvard Business Review*, November 8, 2018. https://hbr.org/2018/11/the-longevity-opportunity.

Irving, Paul. "When No One Retires." *Harvard Business Review*, November 7, 2018. https://hbr.org/2018/11/when-no-one-retires.

Khabbaz, Ramsey, and Matt Perry. "Just How Old Are We Getting?" *Harvard Business Review*, November 15, 2018. https://hbr.org/2018/11/just-how-old-are-we-getting.

Miller, Stephen. "Caregiving Benefits Tend to Miss the Mark." *SHRM*, January 22, 2019. www.

shrm.org/resourcesandtools/hrtopics/benefits/pages/caregiving-benefits-miss-the-mark.aspx.
Tapen, Colleen. "Rethinking Retraining." *Harvard Business Review*, November 9, 2018. https://hbr.org/2018/11/rethinking-retraining.
Tognola, Glenn. "How to Prepare Your Financial Information for When You Die." *Wall Street Journal*, October 3, 2020. www.wsj.com/articles/how-to-prepare-your-financial-information-for-when-you-die-11601697960.
Washington, Kate. "50 Million Americans Are Unpaid Caregivers. We Need Help." *New York Times*, February 2021. https://www.nytimes.com/2021/02/22/opinion/us-caregivers-biden.html

超長寿化時代の市場地図
——多様化するシニアが変えるビジネスの常識

発行日　2024年　12月25日　第1刷

Author　スーザン・ウィルナー・ゴールデン
Translator　佐々木寛子　翻訳協力：株式会社トランネット（www.trannet.co.jp）
Book Designer　竹内雄二

Publication　株式会社ディスカヴァー・トゥエンティワン
〒102-0093　東京都千代田区平河町2-16-1 平河町森タワー 11F
TEL　03-3237-8321（代表）03-3237-8345（営業）
FAX　03-3237-8323
https://d21.co.jp/

Publisher　谷口奈緒美
Editor　千葉正幸

Store Sales Company
佐藤昌幸　蛯原昇　古矢薫　磯部隆　北野風生　松ノ下直輝　山田諭志　鈴木雄大　小山怜那
町田加奈子

Online Sales Company
飯田智樹　庄司知世　杉田彰子　森谷真一　青木翔平　阿知波淳平　井筒浩　大﨑双葉　近江花渚
副島杏南　徳間凜太郎　廣内悠理　三輪真也　八木眸　古川菜津子　斎藤悠人　高原未来子
千葉潤子　藤井多穂子　金野美穂　松浦麻恵

Publishing Company
大山聡子　大竹朝子　藤田浩芳　三谷祐一　千葉正幸　中島俊平　伊東佑真　榎本明日香
大田原恵美　小石亜季　舘瑞恵　西川なつか　野﨑竜海　野中保奈美　野村美空　橋本莉奈
林秀樹　原典宏　牧野類　村尾純司　元木優子　安永姫菜　浅野目七重　厚見アレックス太郎
神日登美　小林亜由美　陳玟萱　波塚みなみ　林佳菜

Digital Solution Company
小野航平　馮東平　宇賀神実　津野主揮　林秀規

Headquarters
川島理　小関勝則　大星多聞　田中亜紀　山中麻吏　井上竜之介　奥田千晶　小田木もも
佐藤淳基　福永友紀　俵敬子　池田望　石橋佐知子　伊藤香　伊藤由美　鈴木洋子　福田章平
藤井かおり　丸山香織

Proofreader　株式会社T&K
DTP　株式会社RUHIA
Printing　日経印刷株式会社

ISBN978-4-7993-3115-6